삶을 새롭게 하는

죽음과 종교

죽음 생각

삶을 새롭게 하는 죽음 생각

죽음과 종교

지은이 | 장경철 강진구
초판 발행 | 2014. 9. 15
6쇄 발행 | 2024. 4. 21
등록번호 | 제3-203호
등록된 곳 | 서울특별시 용산구 서빙고로 65길 38
발행처 | 사단법인 두란노서원
영업부 | 2078-3352   FAX | 080-749-3705
출판부 | 2078-3331

책값은 뒤표지에 있습니다.
ISBN 978-89-531-2084-6 03100

독자의 의견을 기다립니다.
tpress@duranno.com   www.duranno.com

삶을 새롭게 하는 죽음 생각

죽음과
종교

장경철
강진구
지음

두란노

죽음에 대한 성찰은 필수 과목입니다

우리는 인생을 살아가는 동안에 많은 경험을 하게 되며, 그 가운데 중요한 순간들을 맞이하게 됩니다. 우리는 그 중요한 순간들에 대해서 별 교육을 받지 못한 채 그 상황에 던져집니다.

우리에게는 사랑의 순간이 있습니다. 멋진 사랑을 원하지만 사랑에 대한 준비가 부족합니다. 우리는 사랑과 결혼에 대해서 배워야 하며, 그 지식이 있을 때 우리의 사랑과 결혼 생활은 깨달음 가운데 더 풍성해질 수 있습니다. 그런데 우리에게 사랑보다 더 중요한 삶의 순간이 있는데, 그것은 죽음을 경험하는 순간입니다.

많은 사람들이 사랑을 하지만 모든 사람들이 다 연애를 하거나 결혼을 하는 것은 아닙니다. 하지만 죽음의 경우에는 사정이 다릅니다. 세상을 떠나는 것이 죽음일진대 이 경험에서 면제된 사람은 하나도 없습니다.

적지 않은 경우에 우리는 죽음에 대해서 준비하지 못한 채 갑작스럽게 죽음을 맞이하게 됩니다. 죽음의 사실에 직면한 사람들이 보이는 반응의 대부분이 후회인 것도 무리는 아닙니다. '이렇게 될 줄 조금만 일찍 알았더라면….' 예전에 극작가 버나드 쇼에게 기자들이 물었다고 합니다. "버나드 쇼씨, 만일 당신이 죽게 된다면 당신의 묘비명에 무엇이라고 쓰여질 것 같습니까?" 이에 대해서 버나드 쇼는 이렇게 대답했다고 합니다. "아마 이렇게 쓰이겠지요. '우물쭈물하다가 이렇게 될 줄 알았다.'"

유한有限한 존재인 우리에게 죽음의 문제는 선택의 문제가 아닙니다. 나의 죽음이 언제 올는지 알 수 없으나 한 가지는 분명합니다. 죽음은 예상보다는 빨리 올 것입니다. 그렇기에 삶의 한복판에서 종말을 숙고하는 가운데 죽음을 준비하는 것은 의미 있는 일입니다.

이 책은 죽음의 깨달음이 주는 혜택을 묘사하고, 죽음과 관련된 사실들을 탐구하는 책입니다.

1부 '죽음과 인생'에서 우리는 죽음에 대한 성찰이 우리의 생명을 더욱 생생하게 만들 수 있다는 사실에 대해서 살펴볼 것입니다. 실제로 죽음에 직면했던 여러 사람들의 증언을 토대로 우리는 죽음이 어떻게 삶을 풍성하게 할 수 있는지를 살피게 될 것입니다. 죽음 속에서 절감하게 되는 시간의 소중함, 순간의 아름다움, 삶에 대한 새로운 감각 등이 1부의 주제가 될 것입니다.

2부 '죽음과 종교'에서 우리는 죽음에 관련된 사실을 현대 문화와 종교와의 관련 속에서 탐구할 것입니다. 한국의 장례문화나 종교적 관념 속에서 죽음은 어떻게 수용되어 왔는지를 검토할 것이며, 현대 문화 속에서 죽음은 어떤 이미지로 표현되고 있는지를 함께 살펴볼 것입니다. 죽음에 대한 탐색을 통해서 우리는 보다 건강한 죽음 이해를 정립하려고 시도해 볼 것입니다.

마지막 결론 부분에서 우리는 삶의 마지막 순간을 지혜롭게 맞이할 수 있는 길에 대해서 정리해 볼 것입니다. 우리는 죽음을 긍정적으로 받아들임으로써 삶을 아름답게 승화시킬 수 있는 지침과 그 실례들을 보게 될 것입니다.

언젠가 우리는 모두 이 세상을 떠나게 되겠지요. 죽음에 대해서 글을 써 보니 스치는 바람과 이름 모를 들풀 하나에 이르기까지 모든 것에 대해서 감사하는 마음이 들었습니다. 가까이에서 우리의 삶을 풍성하게 만들어 주는 가족과 벗들에게도 고마운 마음을 전합니다. '죽음과 종교' 과목을 통해서 수업에 함께 참여해 준 학생들에게 감사의 마음을 전합니다. 이 책이 '죽음'이라는 렌즈를 통해서 삶의 아름다움을 더 승화시키는데 작은 도구가 되기를 바랍니다.

장경철, 강진구

목차

서문 **죽음에 대한 성찰은 필수 과목입니다** 004

1부 **죽음과 인생**

 1. 죽음 생각은 삶을 풍성하게 만들 수 있습니다 010

 2. 인간에 대한 이해 020

 3. 죽음에 대한 관찰 030

 4. 죽음의 시각으로 삶을 보면서 048

 5. 죽음의 현장에서 072

 6. 영원한 생명: 죽음 이후의 문제 104

2부 **죽음과 종교**

 1. 변화의 계기로서의 죽음 124

 2. 죽음과 장례문화 134

 3. 죽음과 한국 종교 162

 4. 죽음과 예술 178

 5. 영화 속에 나타난 죽음에 대한 이미지들 194

 6. 새 출발의 계기로서의 죽음 214

결론 **삶의 마지막 순간을 위하여** 224

1부 **죽음과 인생**

1 죽음 생각은 삶을
풍성하게 만들 수 있습니다

오늘날 우리는 죽음에 대해서 말하지 않습니다

〈타이타닉〉이라는 영화가 있습니다. 영화에는 많은 사람들이 등장합니다. 잭과 로즈 사이의 사랑도 인상적으로 전개되었지만, 더욱 인상적이었던 것은 죽음을 앞에 둔 사람들의 반응이었습니다. 자신의 목숨을 부지하기 위하여 비열하고 구차하게 행동한 사람들이 있었는가 하면, 죽음 앞에서 의연하게 삶의 마지막을 맞이한 사람들도 있었습니다.

특히 감동적이었던 것은 죽음 앞에서 의연한 자세를 견지했던 사람들의 모습이었습니다. 배의 선장은 위험 앞에서 키를 붙들고 최후를 맞이합니다. 배의 설계자도 배에 남아서 최후의 순간을 맞이합니다. 배를 설계한 사람은 탈출하라는 로즈의 청을 거절하고, 자신의 구명 조끼를 로즈에게 건네주면서 말합니다. "더 튼튼한 배를 만들지 못해서 미안합니다." 탈출을 거절했던 노老 백작 부부 역시 죽음 앞에서도 품위를 지키기를 원했습니다.

무엇보다도 안타까웠던 것은 어린아이를 침대에 눕히고 잠자리의 동화를 들려주는 어머니의 장면이었습니다. 물이 차오르는 객실의 침대 위에서 어머니는 아이들을 위한 동화의 마지막을 장식합니다. "그리고 그들은 영원히 죽지 않는 삶을 살았단다." 그 장면은 영원한 삶의 기쁨과 아름다움을 노래하는 것 이전에 죽음 앞에 무기력한 인간 삶을 묘사하는 것 같아서 참으로 안타까웠습니다.

사람들이 질서 있게 피신하는 것을 도우려 했는지 최후의 순간까지 아름다운 음악을 연주했던 악사들의 모습도 거룩하게 보였습니다. 특히 그들이 연주했던 곡의 가사를 알고 있던 사람들에게 마지막 노래는 깊은 감동을 안겨 줍니다. "내 주를 가까이 하게 함은 십자가 짐 같은 고생이나, 내 일생 소원은 늘 찬송하면서 주께 더 나가기 원합니다." 마지막까지 탈출을 시도하지 않았던 그들의 선택에 대해서는 이견異見이 있을 수 있지만, 우리는 영화 속에서 죽음 앞에서 인생을 구차함으로 물들이지 않고 삶의 마지막 순간까지 책임적인 삶으로 승화시킨 사람들의 모습을 볼 수 있었습니다.

우리는 죽음을 회피하며 죽음에 대해서 말하거나 토의하기를 두려워합니다. 죽음은 어느새 우리에게 금기禁忌처럼 여겨져 있습니다. 사실 죽음에 대한 논의는 유쾌하지 않습니다. 예전에 제가 죽음에 관한 책을 저술중이라고 말한 적이 있습니다. 그때 저의 이야기를 듣던 사람이 약간 의아해 하면서 다음과 같은 반응을 보였습니다. "죽음에 관한 책은 너무 어둡지 않을까요?" 오늘날같이 긍정적인 분위기의 책을 선호하는 시대에 죽음에 관한 책이 호응을 얻을 수 있을까를 묻는 질문이었습니다.

어떤 의미에서 현대는 죽음을 부정하는 시대입니다. 어느 시대나 인간은 죽음을 생각하기를 두려워했습니다. 따라서 죽음을 금기처럼 여기는 현상은 현대 인간에게만 독특한 것은 아닙니다. 그럼에도 불구하고 현대가 이전보다 죽음에 대해서 더 회피한다는 것은 사실입니다. 우리는 마치 영원히 살 것인양 계획을 세우고 오늘의 일과를 수행합니다. 그런데 왜 우리는 죽음을 일상생활의 어휘에서 제외시키고 있을까요? 오늘날 우리가 죽음을 회피하는 이유는 두 가지로 생각해 볼 수 있습니다. 그 첫째는 우리의 사회적 환경이 변해온 까닭이며 동시에 우리의 문화적 분위기 때문입니다.

오늘날 우리는 물화物化된 죽음을 경험합니다

오늘날 우리는 사회적으로 죽음을 직접적으로 경험하지 못하고 자랍니다. 물론 우리는 텔레비전에서 많은 죽음을 접합니다. 하지만 우리가 매스컴을 통해서 접하는 죽음은 이미 극화되고 변형된 죽음입니다. 우리에게 다가온 죽음은 포장된 죽음이며 물화物化된 죽음, 곧 사물처럼 다가오는 죽음을 의미합니다. 많은 숫자의 죽음 이야기들이 들리지만 우리는 그 이야기를 사람의 이야기로 받아들이지 않습니다. 그저 '나무 몇 그루가 베어졌다더라' 하는 식으로 사물의 소멸처럼 생각합니다.

죽음을 가족 내의 사건으로 경험하는 사람이 점차로 줄어들고 있습니다. 예전에 대가족 가운데 살아갈 때 우리는 가까이에서 죽음을 직접 경험했습니다. 3-4대가 함께 살아가기에 우리는 연세가 드신 할아버지나 할머니께서 세상을 떠나시는 것을 경험하게 되었습니다.

하지만 이제 우리는 핵가족 가운데 살아갑니다. 우리는 친척들의 죽음 사건을 자주 경험하지 못합니다. 우리가 자랄 때 어머니, 아버지는 생존해 계십니다. 게다가 오늘날 사람들은 대개 집이 아니라 병원에서 임종을 맞게 됩니다. 사실상 임종을 옆에서 지켜보는 사람들은 의사, 간호사, 그리고 가까운 몇몇 사람들뿐입니다.

예전에는 어른들이 돌아가시면 사람들은 주변에 둘러 앉아서 마지막 유언을 받았습니다. 죽음의 순간은 우리 인생에 있어서 결정적 교육의 순간이었습니다. 죽음의 드라마에 있어서 죽어가는 사람은 주연을 담당했으며 나머지 사람들은 인생을 마무리하는 사람들이 우리에게 던져주는 삶의 지혜를 소중하게 받았습니다.

하지만 이제 우리는 죽음과 격리되어 있습니다. 물론 텔레비전이나 영화를 통해서 엄청나게 많은 수의 죽음을 경험하지만 그것들은 모두가 사물화된 죽음일 뿐 우리의 삶 가까이에 다가오는 죽음이 아닙니다.

오늘날의 문화적 분위기는 기저귀 문화에 의하여 주도됩니다

둘째로 우리는 문화적 분위기로 인하여 죽음에 대해서 깊이 생각

하지 않습니다. 인간의 삶은 탄생과 죽음이라는 두 가지 큰 사건에 의하여 둘러싸인 채 전개됩니다. 인간은 태어나자마자 '기저귀'에 의하여 둘러싸이며, 죽은 이후에는 '수의'를 입고 세상을 하직합니다. 기저귀와 수의라고 하는 엄숙한 운명으로부터 벗어날 수 있는 사람은 아무도 없습니다. 기저귀와 수의라는 이 두 개의 의복은 인간의 삶을 열고 닫으면서 우리 삶의 기본적 분위기를 형성합니다.

그런데 오늘날 우리의 문화적 분위기는 기저귀에 의하여 주도되고 있습니다. 오늘 문화적 분위기는 수의를 상실한 채 오직 섭취와 배설에만 집중하는 기저귀 문화입니다. 어느곳을 둘러보아도 먹고 마시고 배설하는 삶이 삶의 주류를 이루고 있습니다.

우리의 삶은 욕망의 순환 속에서 움직이고 있습니다. 우리는 기저귀를 찬 아이처럼 먹고, 자고, 보채고, 배설하면서 살고 있습니다. 인생의 맹목적 욕망만을 확대 재생산하면서 우리의 삶은 전개됩니다. 오늘날 우리의 삶은 건강을 탐닉하는 문화 속에서 전개됩니다. 무엇이든지 건강을 위한 것이면 가리지 않고 먹습니다. 건강에 좋다고 하는 음식에 달려듭니다.

이 땅에서 천년만년 살 것 같은 착각 속에서 우리는 죽음의 엄숙한 현실을 애써 외면합니다. 건강의 우상을 숭배하면서 삶의 마지막에 찾아올 필연적 순간을 애써 외면하는 모습이 우리의 모습입니다.

내가 반드시 죽을 것이라는 사실은 우리에게 자주 상기되지 않습니다. 우리는 철저하게 죽음과 단절된 세계 속에서 살며, 죽음과 거리를 두는 문화를 만들며 살아갑니다. 그렇게 하다가 갑자기 마주친 나의 죽음 소식은 우리로 하여금 정신적인 당혹감을 낳습니다. 그러므로 이어령 교수는 기저귀 문화 속에서 방향을 잃고 헤매는 사람들을 위하여 '수의를 입혀 주는 작업'이 필요하다고 역설합니다.

> 욕망의 무한궤도 위에서 천년만년 살 것처럼 권력과 금력을 빨기 위해 끊임없이 보채는 기저귀 찬 현대인들에게 지금 필요한 것은 어둡고 쓸쓸한 '수의'를 입혀 주는 일이다. 그래서 겸허를 배우고 참된 생의 가치를 깨닫게 하는 일이다.
>
> 재인용, 은준관, 절망으로부터의 출발, 샘터, 78

이상과 같은 사회적, 문화적 이유로 현대를 살아가는 현대인은 죽음에 대해서 별로 생각하지 않고 인생을 살아갑니다. 평상시에 가족의 죽음에 대해서 생각하지 않으며, 자신의 죽음에 대해서도 생각해 보지 않습니다. 많은 사람들은 죽음의 질병에 걸려서야 비로소 죽음에 대해서 처음으로 진지한 생각을 해 보게 되는 것입니다.

죽음을 생각하는 것은 삶을 풍성하게 만들 수 있습니다

인생의 한복판에서 죽음을 먼저 생각해 보는 것은 우리의 삶을 풍성하게 만들 수 있습니다. 만일 제가 당신에게 "죽기 전까지 어떤 일을 하고 싶습니까?"라고 묻는다면 당신은 매우 기분 나빠할는지 모릅니다. 아마도 '별 사람 다 보겠네' 하는 것이 당신의 반응일 것입니다. 갑자기 죽음을 들먹거린다는 것은 우리의 정서상 그렇게 유쾌한 느낌을 주지 못하기 때문입니다.

《끝을 생각하면서 살기》*Living with an End in Mind*라는 책을 쓴 에린 크램프 Erin Kramp 도 그와 비슷한 생각을 가지고 있었습니다. 하지만 그것은 이전의 이야기입니다. 이제 에린과 그의 남편 더글라스의 생각은 많이 달라졌습니다. 이는 에린이 4년 전에 암이라는 선고를 받았기 때문입니다. 그때부터 에린의 생각은 많이 변했고 그는 죽음을 생각하는 것이 삶을 풍성히 살아가는 비밀이라는 것을 깨닫게 되었습니다. 그동안의 투병 생활을 잘 극복하면서 에린과 더글라스는 죽음의 빛에서 삶을 더 알차게 가꾸는 법을 알게 되었습니다.

우리의 질문은 우리가 내일 또는 내년에 무엇을 할 것이냐의 문제가 아닙니다. 우리에게 내일이나 내년이 있을는지 알지 못하기 때문입니다. 야고보 사도도 우리에게 비슷한 권면을 던져 줍니다.

> 들으라 너희 중에 말하기를 오늘이나 내일이나 우리가 어떤 도시에 가서 거기서 일 년을 머물며 장사하여 이익을 보리라 하는 자들아 내일 일을 너희가 알지 못하는도다 너희 생명이 무엇이냐 너희는 잠깐 보이다가 없어지는 안개니라 약 4:13-14

우리가 계속 살 수 있다는 보장은 없습니다. 그렇다면 우리의 질문은 막연하게 '내일 무엇을 할 것이냐?'가 아닙니다. 우리의 현실적 물음은 '우리는 지금과 죽기 전 사이에 무엇을 할 것인가?'가 되어야 할 것입니다.

이 책은 죽음에 관한 이 질문이 중요하다는 전제를 깔고 쓰여졌습니다. 죽음에 관한 책이라고 하여 이 책이 암울한 느낌을 주리라고 생각하는 것은 속단速斷입니다. 우리는 이 책에서 삶의 한 부분을 구성하는 죽음에 대하여 생각해 보기를 원합니다. 우리는 죽음을 올바로 생각하는 것이 삶을 더 풍성하고 아름답게 살아갈 수 있는 비밀이라고 생각합니다.

죽음은 우리의 삶 속으로 축복을 운반할 수 있습니다

우리에게는 죽음 교육이 필요합니다. 인생에 있어서 사랑의 교육이 필요하고, 직업에 대한 교육이 필요하며, 성교육이 필요하다면, 죽음 교육도 반드시 필요합니다. 죽음은 반드시 다가올 사건이기 때문입니다.

물론 죽음에 대해서 미리 준비하거나 준비하지 않는 것은 전적으로 우리의 자유입니다. 우리는 미리 생각해 볼 수도 있고, 그렇게 하기를 거부할 수도 있습니다. 하지만 우리가 어떠한 자세를 가지든지 분명한 것은 죽음은 우리의 삶 속으로 지금도 찾아오고 있다는 것입니다. 어떤 의미에서 갑자기 죽는 사람은 아무도 없습니다.

모든 죽음은 이미 예고된 것입니다. 이는 죽음이 우리의 삶을 구성하는 한 부분이기 때문입니다. 우리는 죽음 앞에서 당혹감을 느낄 수 있고 실제로 우리는 죽음 앞에서 당황합니다. 하지만 죽음은 이미 거기에 있었습니다. 우리가 보지 않았을 뿐입니다. 죽음은 그동안 우리를 향해서 오고 있었습니다. 우리가 외면했을 뿐입니다.

이제 우리는 죽음을 정면으로 응시하고 바라볼 것을 제안합니다. 우리가 죽음을 미리 생각하면서 준비할 때 우리는 삶의 마지막 출구를 더 잘 걸어나갈 수 있을 것입니다. 뿐만 아니라 우리가 목적지를 생각하면서 우리의 인생 여정을 살필 때 우리는 현재의 인생길을 더 멋지고 아름답게 걸을 수도 있을 것입니다. 죽음에 관한 논의를 통해서 우리가 추구하는 것은 삶을 더욱 인간답고 풍성하게 사는 길을 찾아가고 걸어가는 것입니다.

우리는 죽음이라는 독특하지만 보편적인 경험을 통해서 우리가 누릴 수 있는 축복에 대해서 함께 생각해 볼 것입니다. 우리는 죽음의 체험을 통해서 우리가 누릴 수 있는 삶의 깨달음과 감동이 있음을 믿으면서 우리의 논의를 전개할 것입니다. 우리는 죽음이 우리의 삶 속으로 운반하며 유통流通하는 축복에 대해서 관심을 가지고 있습니다. 여기서 우리의 질문은 다음과 같습니다.

죽음 경험이 안겨 줄 수 있는 축복이 있을까요?
그 축복은 어떤 모습을 지니고 있을까요?
죽음 의식은 나의 삶 가운데 어떤 선물을 줄 수 있을까요?
미래의 죽음을 앞당겨 살펴봄으로써 나의 현재는 어떤 혜택을 누릴 수 있을까요?

우리는 먼저 인간의 죽음과 관련된 인간학적 사실들에 대해서 살펴보기를 원합니다. 죽음에 관해서 수업 시간에 대화하는 가운데 소중한 깨달음을 재확인할 수 있었습니다. 어떤 학생이 토의 가운데 물었습니다. "인간은 왜 죽는 걸까요? 인간이 약하기 때문에 죽는 걸까요?" 이에 대해서 지혜로운 학생이 답변했습니다. "인간은 인간이기 때문에 죽는다고 생각해요. 강한 사람도 죽으니까요."

우리가 죽는다는 사실은 나의 인간됨을 소멸시키는 것이 아닙니다. 그것은 오히려 나의 인간됨을 입증하는 것입니다. 죽음으로써 나의 인간됨이 새삼 확인됩니다.

인간은 의존적인 존재입니다

먼저, 인간은 창조주가 아니라 피조물被造物입니다. 인간이 피조물이라는 사실은 자신이 스스로를 만든 것이 아니라는 뜻입니다. 피조물인 인간은 자존적인 존재가 아니라 피존적인 존재입니다.

피존적인 존재란 자신의 존재 근거를 자신 안에 가지고 있지 않은 존재를 의미합니다. 예를 들어, 내가 지금 글을 쓸 때 사용하는 컴퓨터는 피존적 존재입니다. 왜냐하면 컴퓨터는 자신의 의지에 의하여 이 세상에 생겨난 것이 아니라 컴퓨터 제작자가 만든 것이기 때문입니다. 우리가 사용하는 대부분의 물건들은 스스로의 의지에 의하여 만들어진 것이 아닙니다. 그것들을 필요로 하는 사람들에 의하여 만들어진 것들입니다.

컴퓨터를 만든 사람도 역시 피존적인 존재입니다. 그 사람도 자신의 의지에 의하여 이 세상에 태어난 것이 아니기 때문입니다. 그런데 그 사람을 낳았던 부모님도 역시 피존적인 존재입니다. 이렇게 볼 때 이 세상에 존재하는 대부분의 존재들은 자존적인 존재가 아니라 피존적인 존재입니다.

철학적인 표현을 사용하자면 인간은 필연적인 존재 necessary being 가 아니라 우연적인 존재 contingent being 입니다. 필연적인 존재란 자신의 존재 근거를 자신 안에 가진 존재이며, 우연적인 존재란 자신의 존재 이유를 자신 안에 가지고 있지 않은 존재입니다.

우연적 존재로서 나의 존재를 있게 만든 원인들은 내 안에 있지 않습니다. 그 원인들은 내 의지와 관계 없이 저 바깥에서 내게 영향을 미친 것입니다. 따라서 그 원인들 가운데 다른 모양이 있었다면 내 존재는 이 세상에 생성되지 않았을 것입니다. 나의 아버지와 나의 어머니가 그런 식으로 결혼하지 않았더라면 나는 태어나지 않았을 수도 있었던 것입니다.

우리의 인생은 실존하겠다고 하는 우리의 의지로부터 시작된 것이 아닙니다. 우리에게 들려진 어떤 신비한 명령에 의하여 우리는 이 세상에 존재하게 되었습니다. 그러므로 오야마 레이지는《죽음에의 준비》라는 책에서 인간 삶의 탄생을 수동태로 묘사합니다.

> 우리 중에 자기의 의지로 이 세상에 존재하기 시작한 자들은 아무도 없다. 우리는 존재하게 되어진 사람들이다. 우리가 세상에 존재하게 될 때 우리는 '태어나게 된다'고 말한다. 자신이 존재하게 된 것이 아니라는 증거로써 그 말은 수동태로 표현된다.
>
> 오야마 레이지, 죽음에의 준비, 재인용: 가시와키 데쯔오, 말기 환자를 위한 호스피스, 오상출판사, 30

어느 순간부터 나의 인생은 시작되었습니다. 그리고 어느 순간이 오면 나의 인생은 그치게 될 것입니다. 우리는 파스칼이 던졌던 물음을 던질 수밖에 없는 우리 자신을 발견합니다.

> 앞뒤로 영원에 삼켜져 있는 내 짧은 인생, 내가 차지하고 있는 그 조그마한 공간, 내가 알지 못하고 나를 알지 못하는 우주의 무한히 광대함 속에 던져져 있음을 생각할 때, 내가 다른 곳이 아닌 이곳에 존재하고 있다는 사실에 두렵고 놀라운 충격衝擊을 받는다. 왜냐하면 하필이면 다른 곳이 아닌 이곳, 다른 때가 아

닌 지금 존재할 이유가 없기 때문이다. 누가 나를 여기에 두었는가? 누구의 명령과 지시에 의해 이 장소와 시간이 나에게 배정되었는가?^{팡세, 205}

그러므로 이것이 우리를 향해서 들리는 하나님의 음성입니다.

> 모든 육체는 풀이요 그 모든 아름다움은 들의 꽃과 같으니 풀은 마르고 꽃이 시듦은 여호와의 기운이 그 위에 붊이라 이 백성은 실로 풀이로다^{사 40:6-7}

너는 나의 명령에 의하여 존재하게 된 피조물이다.
네가 지금 누리는 시간은 네가 만들어 낼 수 있는 것이 아니다.
언제라도 네 생명은 그칠 수 있다.
네가 곧 죽을 것이라는 사실을 인정하면서 오늘을 살아가거라.

인간은 유한한 존재입니다

둘째로 인간은 피존적인 존재인 동시에 유한한 존재입니다. 유한有限하다는 것은 한문으로 풀 때 끝限이 있음有을 의미하기에, 유한한 존재란 끝이 있는 존재입니다. 인간이 가진 모든 힘과 자원에는 끝이 있습니다.

인간의 시력은 유한하기에 우리가 볼 수 있는 것들은 제한되어 있습니다. 인간들은 고체들을 잘 볼 수 있으나 기체나 액체는 잘 볼 수 없습니다. 고체는 그 형태가 일정하여 인간의 눈에 잘 보이나 기체는 형태가 일정치 않으므로 인간의 눈에 잘 보이지 않기 때문입니다.

인간의 청각도 유한합니다. 인간은 모든 소리를 다 듣지 못합니다. 인간이 들을 수 있는 소리는 제한되어 있습니다. 인간은 너무 큰 소리도 듣지 못하고, 또한 너무 작은 소리도 듣지 못합니다. 인간은 그저 중간 범위의 소리만을 들을 수 있을 뿐입니다.

인간의 모든 힘과 자원에는 이처럼 한계가 있습니다. 사실 인간의 자원에만 끝이 있는 것이 아닙니다. 인간 자신에게도 끝이 있습니다. 우리가 살아 있다는 것은 우리에게 시간과 자원이 부여되어 있음을 의미합니다. 오늘 내가 살아 있다는 것은 아직 내게 시간과 자원이 남아 있음을 뜻합니다. 내게 남겨진 시간이 사라지면 내 운명은 종말을 고하게 됩니다.

불평하는 사람에게도 언제나 남는 것이 있습니다

내가 이 세상에 태어났다는 것은 일정량의 유한한 시간이 내 삶 가운데 부여되었음을 의미합니다. 주어진 시간의 양이 다하면 나의 삶은 사라질 수밖에 없습니다.

가끔 불평하는 사람을 만날 때가 있습니다. 저는 아직까지 이유 없이 불평하는 사람을 만난 적은 없는 것 같습니다. 불평하는 사람들의 이야기를 들어보면 대부분의 경우에 나름대로의 이유가 있습니다. 사람들은 대개 무엇인가 결핍된 것이 있기 때문에 불평합니다.

그런데 재미있는 사실이 있습니다. 그것은 불평하는 사람에게도 언제나 남는 것이 있다는 것입니다. 첫째, 불평하는 사람에게 항상 남아도는 것은 불평할 수 있는 시간입니다. 아직도 그에게는 자신의 불평거리를 토로할 수 있는 시간이 남겨져 있습니다. 세상 모든 것들이 다 박탈되어 사라졌을지라도 그에게는 아직 불평을 말할 수 있는 시간이 있는 것입니다.

둘째는 불평거리를 발견해 낼 수 있는 그의 지성입니다. 불평의 사람은 묘하게도 마음에 들지 않는 것을 잘 찾아냅니다. 사실 다른 사람들에게는 별 큰일이 아님에도 불구하고 불평하는 사람에게는 큰 문제거리가 되는 것을 찾아내는 능력이 있습니다.

아무리 모자란 듯이 보여도 시간은 남아도는데 이는 인생이 곧 시간이기 때문입니다. 하지만 이 시간은 오래 가지 않을 것입니다. 인간의 시간에는 한계가 있습니다. 인간이 세상에 태어날 때 가지고 온 시간에는 정해진 분량이 있습니다.

죽음의 문제는 인간 유한성의 문제입니다. 죽음에는 유한하게 시작된 인간이 유한하게 끝을 맞이하는 사건이 담겨 있습니다. 이러한 유한성에 대해서 무지하거나 이 한계를 무시하는 것은 지혜로운 삶의 태도가 아닙니다. 인간이 전개하는 모든 기획들은 자신의 유한성에 대한 자각으로부터 시작되어야 합니다.

인간은 가변적인 존재입니다

셋째로, 인간은 가변적인 존재입니다. 인간이 태어났다는 것은 인간이 시간과 역사 안에서 존재하게 되었음을 의미하며, 시간과 역사 안에 있다는 것은 인간이 변화의 과정을 겪음을 의미합니다. 시간적인 존재로서 인간은 가변적인 존재입니다.

우리 인생의 여정에는 변화의 다양한 단계들이 있습니다. 인간의 삶은 대개 네 단계를 밟는데, 그것은 탄생, 성장, 쇠퇴, 소멸의 단계입니다. 시간 안에 있는 존재로서 인간은 탄생하며 성장하며 쇠퇴하며 소멸합니다.

우리는 이 세상에 존재하지 않을 때가 있었던 존재입니다. 시간의 흐름 가운데 이 세상에 태어나게 되었습니다. 탄생 이후에 우리는 성장과 성숙의 과정을 거칩니다. 성장과 성숙의 과정은 어느새 쇠퇴의 과정으로 연결되며, 그 가운데 소멸, 곧 죽음의 순간이 있습니다.

인간의 존재는 언제나 시간의 흐름 속에서 전개됩니다. 우리가 역사적 사고를 하지 못할 때 우리는 현재를 절대화 하는 오류를 범합니다. 오늘 나의 모습은 어제의 모습이 아니며, 내일 나의 모습은 오늘의 모습이 아닐 것입니다.

제 경우를 보더라도 20년 전 모습과 현재 모습은 너무나 다릅니다. 20여 년 전에는 남자들만 다니는 고등학교를 다니고 있었습니다. 하지만 지금 저는 여자들만 다니는 대학교에 다니고 있습니다. 그때 우리 집에는 부모님과 동생이 있었습니다. 하지만 지금 아버님은 이미 돌아가셨고, 아내와 세 딸과 함께 살아가고 있습니다.

그때 저는 머리카락을 아주 짧게 깎고 있었으며, 머리카락의 색깔은 온통 까만색이었습니다. 하지만 지금 제 머리카락의 색깔은 상당 부분이 하얀색입니다. 아이를 학교에 데려다 주면 가끔 다른 아이들이 우리 아이들에게 너희 할아버지냐고 묻는 경우가 종종 있을 정도입니다. 약 20년 정도가 지났을 뿐인데 인생이 이토록 달라졌습니다. 이러한 사실에 대한 깨달음은 내 의지나 내 삶에 대한 과신過信에 빠지지 않는데 큰 도움을 줍니다.

사람은 나이가 들면 다 쭈글쭈글해집니다

예전에 저희 집 아이들이 어떤 여자 교수님 댁에 다녀올 일이 있었습니다. 그 교수님은 결혼을 하지 않으시고 혼자 사시는 분이었습니다. 그런데 그 교수님은 멋진 외모에 좋은 성품을 겸비하신 분이었습니다. 아이들은 그 교수님 댁에서 즐거운 시간을 가졌습니다.

한번은 첫째 아이가 아내에게 물었습니다. "엄마, 그 교수님은 왜 결혼을 안하셨어요?" 이 물음에 대해서 아내는 다음과 같이 대답했습니다. "아마, 아직 좋은 분을 만나지 못해서 그럴 거야. 좋은 분을 만나면 결혼하시겠지." 자기 엄마의 답변에 대해서 아이는 엉뚱한 언급을 했습니다. "좋은 사람하고 결혼할 필요 없어요. 사람은 나이가 들면 다 쭈글쭈글해지니까 아무하고나 결혼해도 돼요."

저는 그 이야기를 가만 듣고만 있었습니다. 다만 조그만 녀석이 별 쓸데없는 이야기도 다한다 하는 생각을 속으로 하고 있었을 뿐입니다. 그런데 아이는 제 귀에 솔깃한 이야기를 계속했습니다. "하지만 우리 아빠는 나이가 들어도 쭈글쭈글해지지 않을 거예요." 저는 아이의 말에 기분이 좋아졌습니다.

그래서 기왕 받은 칭찬이니 한두 마디 더 들어볼 요량으로 유도

심문용 물음을 던졌습니다. "얘야, 너는 왜 아빠는 나이가 들어도 쭈글쭈글해지지 않을 것이라고 생각하니?" 이에 대해서 아이의 답변은 참으로 엉뚱했고, 제 입장에서는 본전도 건지지 못한 답변이었습니다. "아빠는 벌써 할아버지잖아요." 아이들의 눈에 흰머리는 곧 할아버지로 연결되었던 모양입니다.

그렇게 유쾌한 언급은 아니었지만 아이들의 이야기는 타당합니다. 우리는 가변적인 존재이기에, 우리는 곧 탄생과 성장을 거쳐서 쇠퇴의 길을 걷게 될 것입니다. 지금 정상에 있는 것 같은 느낌이 들수록 이제 곧 하산할 시간이 가까웠음을 의미하는 것입니다.

인간이 죽는다는 사실은 인간이 피존적 존재이며 유한한 존재이고, 또 가변적 존재임을 의미합니다. 우리는 시간 안에서 누군가에 의하여 탄생하였고, 유한한 시간을 살아가다가, 시간 안에서 쇠퇴하다가 소멸해 갈 것입니다.

이제 우리는 인간의 죽음에 대해서 몇 가지 사실에 주목하기를 원합니다. 여기서 우리는 죽음을 정면으로 바라볼 것을 제안합니다. 죽음을 정면으로 바라볼 때 죽음도 아름다울 수 있을 것이기 때문입니다.

예전에 학생들과 함께 발표 수업에 참여한 적이 있었습니다. 저는 그때 '노인학'이라는 팀 티칭 team teaching 과목에서 '인간노인의 죽음' 부분을 맡아서 강의하도록 되어 있었습니다. 그런데 공교롭게도 제가 강의하게 되어 있던 그날은 〈캠퍼스 영상가요〉 프로그램의 공개방송이 있는 날이었습니다.

우리는 죽음을 정면으로 바라볼 것을 제안합니다

상당수의 학생들은 그 프로그램에 참여할 수 있도록 휴강을 요청했습니다. 그때 저는 딜레마에 빠졌습니다. 다수의 학생들은 휴강을 원하고 그들은 이미 수업에 참여할 의사를 상실했습니다. 하지만 이 수업은 제 수업이 아니라 여러 연속적 수업의 일부분이었습니다. 이 수업을 휴강한다면 후에 보강을 할 수 있는 길이 없었습니다.

그래서 저는 학생들에게 선택을 하도록 요청했습니다. 공개 방송에 참여할 사람들은 나가는 대신에 숙제를 내도록 하고, 수업에 참여할 학생들은 수업에 참여하도록 두 가지 선택의 기회를 주었습니다. 약 2/3 가량의 학생은 나갔고, 수업은 나머지 1/3 학생들을 중심으로 진행되었습니다.

저는 수업을 그리 오래도록 진행할 생각은 없었습니다. 원래 세 시간 수업이었으나 한 시간 가량만 진행할 생각이었습니다. 그런데 결과적으로 그 수업은 거의 세 시간 가까이 진행되었습니다. 그 수업에 참여한 학생들의 태도가 너무나 진지했으며, 유익한 수업이 되었기 때문입니다. 우리는 처음에 〈그것이 알고 싶다〉라는 프로그램에서 기획한 〈메리 수녀와 그들의 아름다운 죽음〉이라는 비디오를 보았습니다.

이 필름을 본 뒤에 우리는 돌아가면서 자신이 겪은 가까운 사람들의 죽음에 대해서 이야기를 나누었습니다. 학생들이 돌아가면서 자신의 경험을 이야기할 때, 저는 불현듯이 발표하는 학생들의 모습이 몹시도 아름답다는 것을 느꼈습니다. 자리에서 일어나서 자신의 경험을 이야기할 때 학생의 모습은 가벼움 떨림 속에서 얼굴에 약간의 홍조를 띄고 있었고, 자신의 주제에 몰두하면서 이야기를 전개하고 있었습니다.

정면으로 바라보면 죽음도 아름다울 수 있습니다

게다가 저는 그들을 정면으로 바라보고 있었습니다. 그때 저는 한 가지를 깨달을 수 있었습니다. 사람은 정면으로 바라볼 때 아름다울 수 있다는 것이었습니다. 특히 자신의 주제에 몰두하면서 발그레하고 상기된 표정으로 말하는 학생들의 모습은 아름다움을 느끼게 만드는 장면이었습니다.

조금 전에 이야기를 마쳤던 다른 학생을 보니, 조금 전처럼 아름답게 느껴지지는 않았습니다. 이미 그의 홍조는 사라졌고 그는 조금 전처럼 열심히 몰두하고 있지 않았으며, 게다가 이제 저는 그를 정면으로 볼 수 없었기 때문입니다.

그때 저는 불현듯이 이런 생각을 해 보았습니다. '사람은 정면으로 바라보면 아름답구나. 그런데 죽음도 정면으로 바라보면 아름다울 수 있을까? 어쩌면 죽음이 우리에게 두려움을 일으키는 것은 우리가 죽음을 도망치면서 보기 때문이 아닐까?'

무엇이든지 도망가거나 등을 보이면서 볼 때 무섭게 느껴집니다. 집에서 아이들과 뛰어놀 때가 있습니다. 가끔 아이들이 저를 쫓아올 때가 있는데, 그때 도망가면서 보면, 심지어 셋째 꼬마아이가 쫓아올 때도 무서울 때가 많습니다.

기독교 실존주의의 입장에서 신학을 전개했던 폴 틸리히도 《존재에의 용기》에서 죽음을 정면으로 바라보며 그 가면을 벗길 때 불안과 공포가 사라질 수 있음을 지적하고 있습니다.

우리의 불안은 모든 사람과 사물 위에 두려움의 가면을 덮어씌웁니다. 그러나 우리가 가면을 벗기면 거기에는 불안의 본래 모습이 나타나고 가면이 자아내던 두려움도 사라집니다.

이것은 죽음에 있어서도 마찬가지입니다. 우리는 날마다 죽고 있기 때문에 날마다 우리의 생명이 조금씩 우리에게서 사라져 갑니다. 우리가 더 이상 존재하지 않는 마지막 시간일지라도 그것은 죽음이 가져오는 것은 아닙니다. 그것은 죽음의 진행 과정을 완성시킬 뿐입니다. 죽음과 연결된 공포는 상상의 산물입니다. 죽음의 상징에서 가면이 벗겨질 때 공포도 사라집니다.

틸리히, 존재에의 용기, 전망, 20-21

죽음은 보편적입니다

죽음을 정면으로 바라볼 때 우리가 관찰할 수 있는 몇 가지 사실들이 있습니다. 먼저, 죽음은 우리에게 보편적 universal 이며 필연적 necessary 입니다. 죽음은 보편적입니다. 보편적이란 모든 사람에게 다 적용된다는 것입니다.

우리가 어떤 일을 범위에 따라서 묘사할 때 사용하는 몇 가지 단어들이 있습니다. 어떤 일이 다른 사람에게는 적용되지 않고 오직 한 사람에게만 적용될 때 우리는 그것을 '독특하다' unique 고 말합니다. 반면에 여러 사람들에게 적용되지만 일반적이지 않을 때 '특정하다' particular 또는 '특수하다' special 고 말합니다.

어떤 일이 범위에 있어서 상당히 많은 사람에게 적용되어서 대체로 그러할 경우에 우리는 '일반적이다'general라는 표현을 씁니다. 일반적인 것을 넘어서서 하나의 예외도 없이 모든 사람에게 다 적용될 때 우리는 '보편적이다'universal이라는 표현을 사용합니다.

죽음에서 제외되는 사람은 하나도 없으며, 모든 사람은 다 죽습니다. 따라서 우리는 죽음이 보편적이라는 말을 사용하는 것입니다. 죽음은 일부의 사람에게만 적용되고 다른 사람에게 예외가 되는 것이 아닙니다. 죽음은 국제적인 것입니다. 죽음이 방문하지 못하는 나라는 없습니다. 바다의 섬들이나 웅장한 산이나, 평온한 들이나 그 모든 곳이 다 죽음의 영향 아래 있는 것입니다. 이는 죽음이 보편적이기 때문입니다.

따라서 죽음 앞에서 모든 사람은 평등합니다. 죽음은 어떤 사람도 가리지 않습니다. 죽음 앞에서는 그 어떤 차별도 없습니다. 빈부의 차별, 학력의 차별, 인종의 차별 등 그 어느 차별도 존재하지 않습니다. 모든 사람은 탄생 앞에서 평등하며, 죽음 앞에서 평등합니다.

죽음은 필연적입니다

죽음은 필연적입니다. 필연적이란 반드시 그렇게 된다는 것입니다. 우리가 어떤 일을 빈도頻度에 따라서 묘사할 때 사용하는 몇 가지 단어들이 있습니다. 어떤 현상에 대해서 말할 때 우리는 그것이 전혀 이루어질 가능성이 없는 것으로부터 반드시 이루어질 것에 이르기까지 생각해 볼 수 있습니다.

어떤 것이 전혀 이루어질 수 없을 때 우리는 그것을 '불가능하다' impossible 고 말합니다. 반면에 이루어질 가능성이 있을 때 우리는 '가능하다' possible 고 말하며, 그 가능성이 약 50퍼센트를 넘을 경우에 우리는 '개연적이다', '그럴 법하다' probable 고 말합니다. 영어 'possible' 과 'probable'은 모두 'impossible'의 반대인 동시에 그 확률상의 차이를 보여 줍니다.

이제 불가능한 것의 전적인 반대는 필연적인 것입니다. 어떤 일이 반드시 이루어진다고 할 때 우리는 '필연적이다' necessary 라는 표현을 쓰는 것입니다. 죽음은 보편적일 뿐만 아니라 필연적인 사실입니다.

죽음은 자연스러운 과정입니다

죽음은 자연스러운 과정입니다. 봄 다음에 여름이 오고, 여름 다음에 가을이 오듯이 하나님의 섭리 가운데 나의 생명이 있었고, 지금까지 나의 생명은 하나님의 은혜 가운데 성장해 왔습니다. 어느 순간부터 나의 생명은 성숙의 과정 속에서 쇠하는 것을 인정하며, 또한 마지막 출구를 걸어갈 준비를 하는 것입니다.

성숙한 인생은 삶의 제한을 받아들이는 인생입니다. 우리는 우리의 삶을 제한하는 조건을 받아들이고 그 조건들을 사랑해야 합니다. 내 삶의 제약을 사랑하는 법을 배우기까지 인생은 너무나 피곤합니다. 삶의 제한들을 존중하는 것은 우리의 삶에 깊이를 더해 줍니다.

우리 인생의 여러 제약 조건들 가운데 가장 심각하고 분명한 것은 죽음입니다. 죽음을 인정하고 받아들일 때 우리의 삶에 깊이가 더해질 수 있습니다. 우리에게는 신으로서 살고자 하는 경향성이 있기에, 때로 우리는 죽음과 같은 제한이 없기를 바라면서, 그렇다면 얼마나 좋을까 상상해 보기도 합니다. 하지만 참 인간은 죽음을 인간의 한계와 경계선으로써 존중하는 법을 배웁니다.

우리는 죽음을 당연하고 자연스러운 것으로 인정해야 합니다. 우리 가까이에 세상을 떠나는 사람이 있을 때 우리는 인정해야 합니다. 사실 죽지 않을 사람이 죽은 것이 아닙니다. 어차피 죽을 사람이 조금 일찍 세상을 떠난 것입니다. 그러므로 우리는 늘 우리의 죽음에 대해서 준비해야 합니다.

떨어지는 낙엽은 아름답습니다

우리는 가을에 떨어지는 낙엽을 만납니다. 떨어지는 낙엽은 아름답습니다. 낙엽이 아름다운 것은 단지 낙엽이 떨어지면서 그리는 곡선이 아름답기 때문만은 아닙니다. 낙엽이 아름다운 것은 낙엽이 곧 자기 생의 마지막을 자연스럽게 받아들이면서 책임을 다하기 때문입니다.

나뭇잎은 무더운 여름 동안 나무에 붙어서 자신의 책임을 다하였습니다. 태양 빛을 받는 가운데 양분을 형성하는 데에 공헌하였고, 이산화탄소를 빨아들이는 가운데 열매를 맺게 하는 데에 기여하였습니다. 이제 수확이 끝나서 자신의 책임을 다한 뒤에 나뭇잎은 나무가 겨울을 나는 것을 돕기 위하여 미련 없이 낙엽이 되는 길을 택합니다.

나뭇잎은 낙엽이 된 이후에도 썩어져 이후에 잉태될 생명을 위하여 자신을 자양분으로 제공합니다. 봄에 새싹으로 태어났다가 가을에 낙엽으로 떨어지기까지, 그리고 그 이후에도 나뭇잎은 자신의 책임을 다합니다. 책임을 다하는 낙엽은 참으로 아름답습니다.

죽음은 예측치 못한 때에 옵니다

죽음은 예측치 못한 때에 옵니다. 죽음은 분명 필연적으로 찾아오고, 자연스러운 과정이지만 내 죽음의 소식은 언제 찾아올는지 알수 없습니다. 사람이 죽는다는 것은 분명하고 확실합니다. 하지만 내가 언제 죽을 것인가의 문제는 예측하기 거의 불가능합니다.

한 가지 말할 수 있는 것이 있다면 죽음은 우리가 생각하는 것보다 조금 일찍 찾아온다는 것입니다. 예전에 1984년에 망원동에 큰 물난리가 났습니다. 그때 그곳에 사셨던 교수님이 계셨습니다. 어느날 갑자기 물이 무릎까지 차오르는 것을 보고 그분은 망연자실해질 수밖에 없었습니다. 집을 뒤로하고 서둘러 대피하는 가운데 서러움이 마음 깊은 곳에서부터 복받쳐 올라왔습니다.

하지만 그때 하나의 깨달음이 있었다고 합니다. '아, 세상을 떠날 때도 이렇게 가겠구나. 미리 준비를 해 두어야 하겠구나.' 우리 인생의 마지막은 예측치 못한 때에 올 것입니다. 이 세상에 올 때에는 나름의 순서가 있었을는지 모르지만 갈 때에는 순서가 없습니다. 우리는 원치 않는 시간에 예상치 못한 방식으로 이 세상을 떠나게 될 것입니다.

죽음의 과정은 점진적입니다

죽음이 예측치 못한 때에 찾아오는 것이 사실이지만, 동시에 죽음은 점진적으로 찾아옵니다. 학교에서 가르치는 '죽음과 종교'에 관한 자료를 모으던 어느날 우연히 볼펜의 심을 바라보았습니다. 저는 그때 제 운명이 볼펜의 심과 비슷하다는 것을 깨닫게 되었습니다. 볼펜심과 제 인생은 그 사용될 양이 제한되어 있다는 점에서 공통점을 가지고 있었습니다.

글자를 몇 자 써본 뒤에 볼 때에는 별 차이가 없던 볼펜 심이었습니다. 하지만 두어 달 이전과 비교할 때 볼펜의 심은 약 1센티미터 정도 줄어들어서 이제 3/10 정도만이 남아 있었습니다. 제가 한 글자씩 쓰고 있다는 사실이 볼펜의 심이 줄어들게 만드는 결과를 가져온 것입니다. 볼펜심의 양이 유한有限하므로 사용된 만큼 줄어든 것이었습니다. 불현듯이 저의 삶도 마찬가지라는 생각이 들었습니다. 오늘 내가 하루를 살았다는 사실은 하루만큼 나의 생명이 줄어들었음을 의미합니다.

이러한 점에서 죽음이란 어느날 갑자기 찾아오는 것이 아닙니다. 오늘도 우리는 하루를 살아가면서 죽음 가까이 한 발자국을 내디딥니다. 죽음은 갑작스럽게 다가올 수 있습니다. 하지만 다가오는 모양이 갑작스럽다 하여 죽음의 현실 자체가 의외의 방문은 아닙니다.

죽음의 방문은 예정된 방문이며, 그것은 삶을 완결하는 방문인 것입니다. 종말은 우리 눈에 보이지는 않았습니다. 하지만 이미 그곳에 있었습니다. 단지 삶의 한복판에서 살아갔던 우리가 미처 깨닫지 못했을 뿐입니다. 죽음은 점진적으로 우리에게 다가오다가 최종적 순간에 죽음을 완성시킬 뿐입니다.

죽음은 개별적으로 찾아옵니다

죽음은 개별적으로 찾아옵니다. 죽음이라는 체험 형식은 보편적입니다. 죽음에서 면제되어 있는 사람은 단 한 사람도 없습니다. 하지만 그 보편적 형식 속에서 찾아오는 죽음의 경험은 독특하며 급작스러운 것이며 일회적인 것입니다.

개인의 삶은 특수하기에 개인의 죽음도 특수합니다. 쌍둥이라고 할지라도 함께 세상을 떠날 수 없습니다. 한날한시에 비행기 사고를 당해서 죽는다고 할지라도 우리의 죽음은 철저하게 개별적입니다.

죽음은 개별적으로 찾아오기에 우리를 고독하게 만듭니다. 죽음은 우리 주변의 가족들조차 남남으로 만듭니다. 죽음 앞에서 우리는 철저히 고독한 존재가 됩니다. 《신앙의 발달단계》라는 고전적인 저술로 유명한 제임스 파울러는 자기 책의 서문에서 죽음과의 만남을 통해서 체험하게 된 고독감, 곧 '어떤 기이한 격리감'을 다음과 같이 묘사하고 있습니다.

추운 겨울, 아직 어두운 새벽 4시에 갑자기 나는 놀람과 두려움으로 인해 잠에서 깨어났다. 나는 문득 내가 언젠가는 죽을 것이라는 사실을 깨달았다. 바로 내가 죽을 것이라는 것이다. 내 몸과 정신, 그리고 지금까지 살아 왔고 또 살아 있는 이 신화적 존재, 남편이요, 아버지요, 교사요, 아들이요, 친구인 그 존재가 더 이상 존재하지 않게 될 것이라는 것이다. 엄청난 힘으로 나를 추진하던 생명의 조수가 멈출 것이며, 나, 그토록 내게 당연시되는 이 내가 지상에 더 이상 존재하지 않게 될 것이다.

어떤 기이한 격리감이 나를 엄습해 온다. 내 곁에서 잠들어 있는 나의 아내가 도저히 도달할 수 없는 먼 거리에 있는 것처럼 보인다. 이 집의 다른 곳에서 잠들고 있는 나의 딸들이 이 순간 내가 한때 알았던 기억이 희미한 사람들처럼 보인다. 나의 연구, 나의 직업적인 동료들, 나의 야망, 나의 꿈, 내가 몰두해 온 프로젝트들이 허구처럼 느껴진다. '현실생활'이 갑자기 덧없는 꿈처럼 느껴진다. 죽음의 확실성에 의하여 엄습해 온 이 순간의 기이한 고독감 속에서 나는 인생의 참된 사실들을 깨달았다.

제임스 파울러, 사미자 옮김, 신앙의 발달단계, 한국장로교출판사, 17-18

죽어가는 과정은 전인적입니다

인간은 전인적인 존재이기에 죽어가는 과정도 전인적입니다. 우리가 병을 앓을 때 질병은 우리의 전 존재에 찾아옵니다. 환자는 전인적으로 아파합니다. 우리는 질병 가운데 육체적 고통을 느낄 뿐만 아니라 마음의 고통도 느낍니다.

질병의 경우와 마찬가지로, 죽음의 과정도 전인적입니다. 이제 죽음의 그늘이 가까이 다가옵니다. 죽음이 다가올 때 우리의 육체는 싸늘히 식어갑니다. 그러나 죽어가는 사람은 단지 신체적인 기능만 정지하는 것이 아닙니다.

죽음에는 가족이나 친구들과의 이별이라는 사회적 단절이 있습니다. 우리는 개별적으로 고통을 당하기에 사랑하는 사람들과 헤어져야 합니다. 죽음의 과정에는 정신적 불안과 공포가 있습니다. 죽음 이후에 오게 될 사후세계라는 영적인 문제가 있습니다. 우리의 영혼은 미래에 대한 두려움과 공포를 느낍니다.

죽음은 실존의 물음을 가지고 우리에게 찾아옵니다. 죽어가는 과정이 전인적이라는 사실은 우리로 하여금 죽음이 던지는 실존적 물음에 주목하게 만듭니다. 우리는 죽음에 직면하여 이전에는 던지지 않았던 물음을 던지는 자신을 발견합니다. "나는 왜 죽어야 하는가? 죽음이란 도대체 무엇인가? 나의 죽음 이후에는 무엇이 찾아오는가? 죽은 뒤에 나는 어떻게 될까? 죽은 이후에 영원한 생명과 영원한 벌이 있을까?"

죽음에 대해서 생각할 때 우리는 죽음이 드리우는 다방면의 그림자들을 함께 생각해 보아야 합니다. 따라서 말기 환자를 간호하는 사람들은 환자의 신체적 아픔뿐만 아니라 정신적, 사회적, 영적인 아픔을 종합적으로 돌보게 됩니다.

죽음은 삶의 한 부분입니다

죽음은 탄생과 마찬가지로 삶의 한 부분입니다. 죽음은 삶을 마무리하는 부분입니다. 우리가 학교에서 수업을 받을 때 우리는 때로 숙제를 해야 합니다. 우리가 숙제를 할 때 숙제할 수 있는 기간은 무한대로 열려져 있지 않고 언제나 마감기한deadline이 있습니다. 숙제 제출에 마감기한이 있듯이 우리의 인생에는 언제나 마감의 과정이 있습니다.

이제 인생의 탄생, 성장, 쇠퇴, 소멸의 마지막 과정 가운데 죽음이 있습니다. 마치 한 발자국이 발 하나를 들어 올려서 발을 땅에 내디딤으로 완성되듯이, 우리의 인생도 탄생으로부터 시작해 죽음으로 마무리됩니다. 이 점에서 죽음도 삶의 한 부분, 곧 마무리 부분입니다. 죽음은 인생 드라마의 마지막 출구를 걸어나가는 과정입니다.

어떤 일을 마무리한다는 것은 단지 마지막의 한 부분만을 의미하지 않습니다. 올바로 마무리될 때 마무리되는 부분은 이전까지 진행되었던 과정을 종합하고 완성하는 역할을 합니다. 화가의 마지막 점 하나가 지금까지 미완성이었던 그림을 완성하면서 용처럼 날아오르게 만들 수 있습니다.

이와 마찬가지로 죽음은 완성의 시간이 될 수 있습니다. 죽음은 우리가 왜곡된 삶과의 단절을 넘어서서 근원과의 회복을 이룰 수 있는 시간입니다. 예수 그리스도 옆에서 십자가에 달렸던 강도는 일평생 잘못된 길을 걸어왔던 사람입니다. 하지만 그는 죽음에 직면하여 이전에 잘못 살았던 삶을 회복할 수 있었습니다.

이 점에서 죽음은 치유와 용서의 시간이 될 수 있습니다. 우리는 각자의 죽음을 가꿀 수 있어야 합니다. 죽음은 단지 인생의 급작스러운 단절만은 아닙니다. 죽음은 지금까지의 삶을 마무리하는 완성의 시간이 될 수 있습니다.

죽음은 인생의 마지막 출구를 걸어나가는 과정입니다

죽음은 삶의 한 부분입니다. 우리는 죽음이 없이 삶만 가질 수 없습니다. 영국의 영문학자인 잭 루이스 Clive Staples Lewis 와 미국인 조이 그래샴 Joy Gresham 과의 사랑을 다룬 〈섀도우랜드〉라는 영화가 있습니다. 이 영화는 실제 있었던 사랑 이야기를 그려낸 것입니다.

이 영화에서 영문학자 잭 루이스는 평생 독신으로 살아가고 있었습니다. 그렇게 살아가다가 루이스는 자신의 글을 읽고 편지를 보낸 이혼녀 조이 그래샴과 만남을 가집니다. 이때 조이 그래샴에게는 전남편에게서 얻은 아들 더글라스가 있었습니다. 루이스는 조이가 영국에서 시민권을 얻을 수 있도록 형식적으로 결혼해 주지만 두 사람은 아무런 관계도 맺지 않고 이전과 같이 서로 떨어져서 살아갑니다.

루이스는 조이가 암에 걸려서 죽을 위험에 빠진 것을 보면서 진정한 사랑이 무엇인지를 고민하게 됩니다. 자신의 형식적 아내 조이가 수술을 기다리며 병원에 누워 있는 동안, 루이스는 학장 해리와 함께 있을 때 자신의 심정을 스스로 느끼게 됩니다. 괴로워하는 루이스에게 해리가 말을 겁니다.

> 학장 해리: 자네말고 누가 가족이 있겠지. 물론 조이가 자네 친구인 것은 알아. 하지만 가족은 아니잖나.
> 루이스: 제 아내는 아니란 말이죠. … 그렇죠. 그건 말도 안되죠. 생각할 수 없는 일이죠. 어떻게 조이가 아내가 되겠어요. 그러면 그녀를 사랑해야 하고, 이 세상 누구보다 그녀를 더 아껴야 하잖아요. 가슴이 찢어지는 고통도 느껴야 하지 않습니까?
> 학장 해리: 미안하네. 그 정도인 줄은 몰랐어.

잭 루이스: 해리, 저도 몰랐어요.

결국 루이스는 암에 걸려서 투병 중에 있는 조이와 결혼하기로 결심합니다. 이전의 형식적인 결혼을 무효라고 생각한 루이스는 병원 침상에서 수술을 앞두고 있는 조이에게 정식으로 청혼을 합니다. 아름다운 음악을 배경으로 흘러나오는 루이스와 조이의 대화는 사랑을 해 본 사람들도 사랑에 대해서 새롭게 느끼게 만들 정도로 감동적입니다.

잭 루이스: 조이, 당신과 결혼하고 싶어요. 하나님과 사람들 앞에서. 지금까지 정직하지 못한 것은 나였어요. 이런 일이 있고서야 정신을 차렸어요. 조이, 내 곁을 떠나지 말아요.

조이: 미국엔 색다른 풍습이 있죠. 남자가 결혼을 결심하면 여자에게 물어요. 청혼이라고 하죠.

루이스: 여기도 있어요.

조이: 제가 그걸 놓쳤나요?

루이스: 조이의 손을 잡으며 이 어리석고 두려움 많은 늙은이와 결혼해 주겠어요? 말로 다 못할 정도로 당신을 필요로 하고, 사랑할 줄도 모르면서 감히 당신을 사랑하는 남자와 결혼해 주겠어요?

조이: 이번 한 번만요.

이제 루이스는 신부 앞에서 정식으로 결혼식을 올리게 됩니다.

물론 하객이라고는 조이의 아들 더글라스 그래샴, 잭의 형 워니 루이스뿐입니다. 결혼식 후에 조이는 수술실에 들어갑니다. 다행히 수술은 성공적으로 끝났습니다.

지금 내가 겪는 고통은 그때 내가 누렸던 행복의 일부분이다

그 후에 잭과 조이는 함께 '황금빛 골짜기'Golden Valley라는 곳으로 여행을 떠납니다. 두 사람 앞에 넓은 벌판이 눈앞에 펼쳐지고 작은 시냇물이 흐르는 곳을 걷고 있을 때 갑자기 하늘에서 소낙비가 쏟아집니다. 두 사람은 비를 피해서 오두막에 몸을 숨깁니다.

그때 루이스는 행복에 겨워 말합니다. "나는 이제 더 이상 새로운 것을 원하지 않아. 그냥 이대로가 좋아. 다음 골목에 무엇이 있는지 알고 싶지도 않아." 이에 대해서 조이가 웃으며 말합니다. "그것이 당신 식의 행복이군요." 잠시 침묵이 흐른 뒤에 조이는 루이스에게 말합니다.

> 조이: 잭, 이 비가 그치기 전에 해야 할 말이 있어요. 이제 곧 나는 죽을 거예요.
> 잭 루이스: 괜찮소. 나는 그것을 잘 견뎌낼 수 있소.
> 조이: 아니, 그것은 견뎌내는 것보다 훨씬 더 좋을 거예요. 그때 우리가 겪게 될 고통은 지금 우리가 누리는 행복의 일부분이예요. 그것이 인생이예요. 우리는 둘 중 하나만 가질 수는 없어요.

루이스가 이 말을 들은 뒤 루이스와 조이 사이의 뜨거운 포옹이 이어집니다. 얼마 지나지 않아서 조이는 세상을 떠나게 되고, 잭 루이스는 조이의 아들 더글라스를 양육하는 장면으로 영화는 끝나게 됩니다. 그 영화의 마지막 장면에 이런 잭의 대사가 나옵니다.

"지금 내가 겪는 고통은
그때 내가 누렸던 행복의 일부분이다.
이것이 인생이다.
우리는 둘 중 하나만 가질 수는 없다."

지금까지 우리는 죽음에 대해서 몇 가지 사실들을 살펴보았습니다. 죽음은 유한한 인간의 삶에서 자연스러운 과정으로써 보편적이며 필연적입니다. 또한 죽음은 예기치 못한 때에 찾아오지만 동시에 점진적으로 진행되고 있는 것입니다. 죽음은 모든 인간에게 개별적으로 찾아가며, 인간 삶의 모든 부분에 전인적으로 찾아갑니다. 결국 죽음은 삶의 한 부분이며 삶을 마무리하며 완성하는 부분입니다. 죽음이 없이 우리는 삶만을 가질 수는 없습니다. 조이와 잭의 표현대로 '우리는 둘 중 하나만 가질 수는 없습니다.' 우리는 다음 단원에서 죽음이 줄 수 있는 선물들에 대해서 살펴보겠습니다.

우리는 이 단원에서 죽음이 인생 가운데 줄 수 있는 선물들에 대해서 살필 것입니다. 하지만 그 전에 죽음이 진짜 축복인지, 그렇다면 왜 굳이 더 살아야 하는지에 대해서 먼저 생각해 볼 것입니다.

죽음은 분명 우리에게 축복의 계기가 될 수 있습니다. 죽음은 비극적인 사건만은 아닙니다. 우리는 죽음 경험을 통해서 큰 깨달음을 얻을 수 있습니다. 헨리 나우웬은 죽음을 통해서 맛볼 수 있는 여러 축복들에 대해서 이야기하면서 자신의 책의 제목을 《죽음, 가장 큰 선물》*Our Greatest Gift* 이라고 붙이기도 하였습니다.

죽음이 그토록 좋은 것이라면

하지만 죽음이 우리에게 '가장 큰 선물'임을 강조할 때 우리는 다음과 같은 질문을 받을 수 있습니다. "죽음이 그토록 좋은 것이라면 왜 일찍 죽지 않습니까? 하루라도 더 사는 것이 무슨 의미가 있습니까?" 특별히 인생에 대해서 별 기쁨을 느끼지 못하는 경우에 있다면 죽음을 향한 유혹이 더욱 강렬할지도 모릅니다.

이 점에서 우리는 죽음을 앞당기고자 하는 자살의 문제를 다루지 않을 수 없습니다. 사실 죽음에 관한 저술을 할 때 자살의 문제를 회피하는 것은 대단히 어렵습니다. 알베르 까뮈는 모든 인생의 문제는 자살의 문제로 귀결된다고 하였습니다.

> 참으로 진지한 철학적 문제는 오직 하나뿐이다. 그것은 바로 자살이다. 인생이 살 만한 가치가 있느냐 없느냐를 판단하는 것이야말로 철학의 근본 문제에 답하는 것이다.
>
> 알베르 까뮈, 시지프스의 신화, 문예출판사, 1983

하루라도 일찍 죽는 것이 더욱 나은가?

이에 한술 더 떠서 철학자 쇼펜하우어는 "자살예찬론"이라는 글을 써서 자살을 조장하기도 하였습니다. 쇼펜하우어에 따르면, 하루라도 일찍 죽는 것이 더욱 낫습니다. 사람은 어린 시절에 죽는 것이 낫고, 그보다 더 나은 것은 태어나자마자 죽는 것이며, 최고로 좋은 것은 아예 이 세상에 태어나지 않는 것입니다.

이토록 자살을 강조한 사람이 72세까지 살았던 것은 아이러니이지만 쇼펜하우어는 자살을 강조하였습니다. 쇼펜하우어에 따르면, 인간이 자살을 감행하지 못하는 이유는 인간의 삶 가운데 희망과 약간의 성취가 있기 때문입니다. 인간은 내일 더 나아질 것 같은 희망 속에서 살아가며, 또 약간의 성취로 인하여 미련을 버리지 못하고 인생을 계속 연명한다는 것입니다. 하지만 인간의 성취는 자살을 방지할 만한 이유가 되지 못한다고 그는 말합니다. "성취는 거지에게 던져 준 동냥과 같아서 비참한 삶을 내일까지 연장시키기 위해 오늘의 목숨을 연명시키는 것이다."

저도 한때 쇼펜하우어의 사상의 영향을 받은 적이 있습니다. 어쩌다가 인간으로 태어나서 인생이 이토록 고달픈가를 고민했던 적이 있었습니다. 염세적인 생각으로 삶이 가득차 있을 때는 아침에 일어나는 것조차 괴로웠습니다. 어떤 때는 세면대를 붙들고 세수할 때마다 '오늘도 또 살아야 하는가'를 되뇌였던 시절이 있었습니다.

무의미한 하루하루를 반복할 때마다 스스로 생각하기를 저는 바닷가의 모래알만도 못하다고 생각하였습니다. 차라리 바닷가의 모래알은 가끔 파도가 와서 씻어나 주지만 그저 많은 군중들 가운데 떠도는 저의 인생은 모래알만도 못하다고 생각했던 것입니다. 그때 청마 유치환의 "바위"라는 시를 좋아했습니다. 차라리 생명 없는 바위가 되었으면 좋았을텐데. 희로애락에 좌우되지 않으면서 그저 그 자리에 머물고 있는 바위가 되기를 소원했습니다.

그런데 대체로 자살의 문제로 고민하는 사람은 죽음의 문제 이전에 삶의 문제에서 걸림돌을 발견하기 때문입니다. '왜 살아야 하는가?' 하는 의문은 대체로 제대로 된 삶을 살지 못하는 사람에게 자연발생적으로 일어나는 의문입니다. 어떤 면에서 인간의 곤경은 죽음 자체에서 빚어지기보다는 삶의 구체적 순간들로부터 빚어집니다. 아브라함 요수아 헤셸은 다음과 같이 말합니다.

> 인간의 곤경은 어디에 있는가? 인간의 삶에 대한 공포는 삶에서의 실패로부터 비롯된다. 인간의 곤경은 죽음에 대한 공포 때문에 생긴 것이 아니라 삶에 대한 공포 때문에 생긴 것이다. 왜냐하면 삶은 과거에 경험한, 지워 버릴 수 없는 충격으로 혼합되어 있기 때문이다. … 인간은 수치 당할 일을 무서워하는 존재이다. … 삶에 대한 공포는 대개 실패한 경험, 창피를 당한 경험, 길을 잃고 헤맨 경험, 거절당한 경험에서 나온다.
>
> 아브라함 헤셸, 이현주 옮김, 누가 사람이냐, 종로서적, 1996, 90-91

마치 좋은 제작자가 고장 가운데 고장 신호가 울리도록 기계를 만들 듯이, 우리의 인생도 올바른 길을 걷지 못할 때 고장 신호가 울리는데, 그 고장 신호는 자살 충동과 같은 삶의 회의를 통해서 표출됩니다. 따라서 자살 충동이란 다른 편으로 볼 때 병든 삶을 청산하고 건강한 삶을 살기를 원하는 갈망입니다. 정진홍 교수의 지적과 마찬가지로, 죽고 싶다는 욕구는 지금의 삶과는 다른 삶의 마당을 찾아보겠다는 욕구인 경우가 많습니다. 정진홍, 죽음과의 만남, 우진출판사, 29

염세주의자가 되려면 한가해야 합니다
그러므로 자살의 충동은 건강하며 정상적인 삶의 회복이 있을 때 극복될 수 있습니다. 사실 염세주의자가 되려면 쇼펜하우어처럼 한가해야 합니다. 올바르게 죽기 위해서 우리는 먼저 올바르고 건강하게 살아야 합니다.

삶 자체는 우리에게 모든 선물을 다 마련해 주지 않습니다. 삶이란 그 자체로써 재료들의 집적일 뿐, 삶 자체가 우리의 인생을 책임져 주는 것은 아닙니다. 어떤 의미에서 자살의 충동은 삶의 재료만 손에 들었을 뿐, 그 올바른 목적을 발견하지 못한 사람들에게 주어진 저주입니다.

유대인 랍비였던 아브라함 요수아 헤셸은 인생의 문제는 자살의 문제가 아니라 순교의 문제라고 주장하면서 까뮈의 주장을 반박합니다.

> 인생의 참된 과제는 자신을 던질 만한 그 무엇을 발견하는 것이다. 알베르 카뮈에 따르면, '참으로 진지하게 다룰 철학적인 문제가 하나 있는데, 그것은 자살이다.' 나에게 참으로 진지하게 다룰 철학적인 문제가 무엇이냐고 묻는다면, '그것은 순교'라고 말하겠다. 과연 그것을 위하여 죽을 만한 무엇이 있는가? 우리는 어떤 진리를 위하여 죽을 능력이 있을 때 비로소 그 진리를 살 수 있다.
>
> 아브라함 요수아 헤셸, 이현주 옮김, 누가 사람이냐, 종로서적, 1996, 86-87

자신이 목숨을 바칠 만한 한 가지 사명을 발견하기 전까지 인생은 자살의 충동에서 결코 자유로울 수 없는 것입니다.

최고의 선물은 영원한 생명입니다

이 점에서 순교적 삶을 살았던 바울도 삶과 죽음의 갈림길에서 고민하는 모습을 보여 줍니다. 바울에게 있어서 죽음이란 존재의 파멸이 아니었습니다. 죽음 속에서 바울은 그리스도를 새롭게 만날 희망 가운데 있습니다. 하지만 그는 스스로 먼저 죽는 길을 택하지 않습니다. 이는 자신에게 맡겨진 사명이 있고, 그 사명의 성취로 인하여 유익을 얻을 많은 사람들이 있기 때문입니다.

> "이는 내게 사는 것이 그리스도니 죽는 것도 유익함이라
> 그러나 만일 육신으로 사는 이것이 내 일의 열매일진대
> 무엇을 택해야 할는지 나는 알지 못하노라
> 내가 그 둘 사이에 끼었으니 차라리 세상을
> 떠나서 그리스도와 함께 있는 것이 훨씬 더 좋은 일이라
> 그렇게 하고 싶으나 내가 육신으로 있는 것이
> 너희를 위하여 더 유익하리라" 빌 1:21-24

우리는 죽음이 우리의 삶에 큰 축복이 될 수 있다는 우리의 주장을 철회하지 않습니다. 죽음은 삶에서 얻지 못했던 큰 축복을 안겨 줄 수 있을 것입니다. 하지만 우리는 죽음을 우리 인생의 '가장 큰 선물' Our Greatest Gift 로 받아들이지는 않습니다. 우리 인생의 최고의 선물은 '나의 죽음'이 아니라 그리스도 안에 있는 '하나님의 생명'이기 때문입니다.

그런데 하나님의 영원한 생명은 우리가 죽은 이후에 시작되는 생명이 아닙니다. 하나님의 생명은 내 죽음의 순간 이전에 이미 내 삶의 순간에서도 감춰져 있기에 우리는 먼저 이 생명을 누립니다. 따라서 우리는 죽기 이전부터 나의 삶의 한복판에서부터 '하나님의 생명'을 누리고 살아가야 합니다. 따라서 시한부 종말론을 주장하면서 인생의 참된 행복은 우리의 죽음과 함께 시작하니 다 함께 죽자고 우리를 유혹하는 거짓 선지자들의 간계에 빠지는 것은 신앙적인 태도가 아니라 무지의 결과일 뿐입니다.

하나님의 생명은 이미 지금 이 자리에서 시작된 것이지 우리의 현재 생명이 끝날 때까지 유보되어 있는 것은 아닙니다. 물론 그렇다고 하여 우리가 현재의 삶만을 강조하면서 하루라도 더 오래 사는 것이 인생 최고의 축복이라고 말하는 것은 아닙니다. 우리는 시간적 생명과 영원한 생명의 관계를 사후 생명의 문제를 다루는 뒷부분에서 좀더 상세하게 다룰 것입니다.

죽음은 최고最高의 선물이 아니라 최후最後의 선물입니다

이제 우리는 죽음을 이렇게 정의합니다. 죽음은 우리 인생에서 '가장 큰 선물' Our Greatest Gift 이 아니라 '마지막 선물' Our Last Gift 입니다. 하나님은 우리의 시간적 인생 가운데 다양한 선물들을 마련해 두셨습니다. 신앙적으로 인생을 살아간다는 것은 하나님의 다양한 선물들과 축복들을 즐기고 누리면서 그 선물과 축복들을 전파하고 유통하는 것입니다.

하나님은 우리 삶의 마지막 여정인 죽음 안에도 당신의 선물과 축복을 넣어 두셨습니다. 하지만 그 선물과 축복은 시간의 순서에 있어서 마지막에 오는 것입니다. 하나님의 뜻에 따라서 마지막에 풀어야 할 선물들을 미리 풀어보려고 노력하는 것은 결코 신앙적이지도 않으며 지혜롭지도 못합니다.

어쩌면 지금 우리가 살아가면서 하나님의 축복과 선물들을 충실히 누리는 것이 그 마지막 선물들을 받아서 누리는데 반드시 필요한 준비일지 모릅니다. 그러므로 우리는 죽음을 무조건 두려워 하지도 않으며, 그것을 무비판적으로 숭배하지도 않습니다.

우리는 단지 그리스도 안에서 하나님께서 주시는 온갖 종류의 축복과 선물들을 죽음의 과정을 통해서도 누리기 원합니다. 이것이 바울이 우리에게 고백한 글의 참 뜻이라고 우리는 생각합니다.

> "내가 확신하노니 사망이나 생명이나 … 다른 어떤 피조물이라도 우리를 우리 주 그리스도 예수 안에 있는 하나님의 사랑에서 끊을 수 없으리라" 롬 8:38-39

죽음은 시간의 소중함을 일깨워 줍니다

이제 우리는 죽음이 우리의 삶에 안겨 줄 수 있는 몇 가지 선물들에 대해서 살펴보기를 원합니다. 먼저, 죽음은 무엇보다도 우리에게 시간의 소중함을 일깨워 줍니다.

〈닥터〉라는 영화가 있습니다. 이 영화에서 잭 맥키Jack Mackie 라는 의사는 여느 의사들과 마찬가지로 환자에 대해서 동정적인 의사가 아닙니다. 그저 자기가 하는 일만을 하면서 환자를 물건처럼 취급합니다. 하지만 그는 후두암 판정을 받음으로써 자신이 환자의 입장에 처하게 됩니다.

그는 진단을 받으면서 뇌종양으로 인하여 죽어가는 준 엘리스June Ellis라는 여인을 만나게 됩니다. 의사 잭은 준의 소원인 콘서트 관람을 위하여 무리를 해서 표를 예약하고 떠나갑니다. 그때 준이 묻습니다. "아니, 이렇게 쉽게 떠나도 되는 거예요?" 의사 잭이 대답합니다. "아마 암세포가 내게 자유를 준 모양이야."

두 사람은 콘서트에 늦지 않기 위하여 급하게 차를 타고 달려갑니다. 그때 갑자기 준이 차를 세워달라고 부탁합니다.

> 준: 차를 좀 세워 보세요.
> 잭: 콘서트에 늦을까봐 그렇지.
> 준: 세워 보세요. … 지금 제게 중요한 것은 콘서트가 아니에요. 중요한 것은 시간이에요. 지금 시간이 제 곁을 스쳐 지나가고 있어요. 서둘러 지나가기 싫어요. 나는 내 시간을 스쳐 지나가게 하고 싶지 않아요. 이제 어떤 것도 스쳐 지나가게 하고 싶지 않아요.

차에서 내린 준은 넓은 들판을 배경으로 춤을 춥니다. 준에게 있어서 죽음 앞에서 자신에게 중요한 것은 콘서트를 보는 것이 아니었습니다. 그에게 중요한 것은 주어진 시간 가운데 자신이 주체적인 삶을 가꿔 나가는 것이었습니다.

죽음의 필연성에 대한 깨달음은 순간의 소중함을 일깨워 줍니다

죽음 앞에 놓일 때 우리에게 중요한 것은 시간의 소중함입니다. 예전에 저는 어느 때라도 죽을 수 있다는 사실을 깨달았습니다. 죽음의 필연성에 대한 깨달음은 현 순간의 소중함을 일깨워 주었습니다. 죽음의 필연성을 알게 될 때 우리는 순간을 사랑하는 사람이 될 수 있습니다.

꽃잎이 아름답지만 곧 떨어질 것입니다. 화무십일홍花無十日紅이라고 합니다. 우리 삶이 끝나리라는 생각은 반드시 우리를 허무주의로 인도하지 않습니다. 오히려 죽음에 대한 깨달음은 우리로 하여금 주어진 순간을 사랑할 것을 명령합니다. 지금 우리가 맞이하고 있는 이 순간은 다시는 오지 않을 순간입니다.

가정에서 아이들을 기르면서 품게 되는 생각이 있습니다. 아이들과 여러 해 동안 같이 살더라도 그 아이의 지금 모습은 곧 사라집니다. 흔히들 아이들이 사춘기를 맞이하면 부모의 말을 잘 듣지 않는다고 합니다. 그런 이야기를 들을수록 사춘기 전의 지금 시간들이 소중하게 느껴집니다.

그래서 자는 아이들의 얼굴을 다시 한 번 더 바라보게 되고, 자는 아이가 귀찮아 하는 것도 무릅쓰고 한 번이라도 더 볼에 입을 맞추게 됩니다. 앞으로도 막내 아이와 함께 지낼 것입니다. 하지만 막내의 네 살은 올해가 마지막일 것입니다. 올해가 지나가면 막내의 이 모습은 우리의 인생에서 사라져 버릴 것입니다. 저는 지금 이 모습의 막내, 둘째, 첫째를 더 이상 만날 수 없는 것입니다. 이러한 깨달음은 아이들의 현 순간을 소중히 여길 것을 내게 명하는 것입니다.

오직 한 시간만이 네 손 안에 있다

죽음이 올 것임을 깨닫자 나는 한 시간만이 내 것이라는 사실을 아울러 깨닫게 되었습니다. 미래는 어떤 의미에서 나의 소유가 아닙니다. 내가 미래를 누릴 수 있을지는 분명치 않습니다. 내게 확실하게 주어져 있는 것은 지금 이 순간뿐입니다. 이 순간을 충실하게 사랑하는 것이 중요하다고 생각하게 되었습니다.

그래서 저는 미국에 있을 때 한동안 책상 앞에 '한 시간만이 네 손 안에 있다'One hour alone is in your hands라는 격언格言을 크게 써 붙여 두었습니다. 이는 제가 언제 죽을지 모른다는 것을 깨닫게 되었기 때문입니다.

하지만 이 사실은 더 큰 의미를 가지고 있습니다. 사실상 내가 80살까지 산다고 하더라도 나는 1년씩 혹은 2년씩 살아가는 것이 아닙니다. 나는 단지 한 시간씩 살아갈 뿐입니다. 나의 인생의 흐름은 언제나 시간 단위로 흘러갈 뿐이지 달月이나 연年 단위로 흘러가는 것이 아닙니다.

그래서 지금 이 시간을 사랑하고 충실히 누리는 것이 곧 나의 인생을 사랑하는 것이며 나의 아름다운 죽음을 준비하는 것임을 깨닫게 되었습니다. 이는 지루한 시간이 지루한 인생을 낳고, 활기찬 시간이 활기찬 인생을 낳기 때문입니다.

"에이, 근데 왜 우리 학교에서는 50분씩 수업하지?"

이 말과 관련된 일화가 있습니다. 한번은 제가 방학 때 매우 게으르게 시간을 보낸 적이 있었습니다. 아침에 일어나서 식사를 한 뒤에 별로 하는 일도 없이 오전을 보냅니다. 그렇게 하다가 시간이 10시 반쯤 되면 학교에 갈까를 고민하다가 다시 포기하고 좀더 있다가 점심 식사를 합니다. 점심 뒤에는 또 다시 빈둥댑니다. 어느덧 시계는 네 시를 가리킵니다. 다시 학교에 가 볼까 생각해 보다가 지금 가 봐야 뭘 하나 하는 생각으로 또 다시 빈둥거립니다.

그렇게 하다가 저녁을 먹고, 다시 잘 시간이 다가옵니다. 이렇게 며칠 시간을 보내다가 안되겠다는 생각이 들었습니다. 그래서 컴퓨터 앞에 '30분 단위로 살자!'라는 글귀를 크게 써두었습니다. 그랬더니 첫째 아이가 이 글을 보면서 그 의미를 묻습니다.

그래서 저는 아빠가 게으름을 막기 위하여 시간이 30분만 있어도 학교에 가서 공부를 할 것을 결심한 내용이라고 말해 주었습니다. 그리고 "30분 단위로 사는 것은 좋은 일이지?" 하고 물었습니다. 그랬더니 그 아이는 돌아서면서 이렇게 말했습니다. "네. 에이, 근데 왜 우리 학교에서는 50분씩 수업하지?"

죽음은 우리의 소유의식에 대해서 치명적인 일격을 가합니다

죽음은 또한 우리의 소유의식에 대해서 치명적인 일격을 가합니다. 죽음의 시각에서 보니, 내 주변에 있는 것들 가운데 진정으로 내 것이라고 주장할 만한 것이 별로 없음을 알게 됩니다. 나의 주변에 있는 모든 것이 내가 살아 있는 동안 내게 잠시 주어진 것이라는 사실을 자각하게 됩니다.

이미 언급한 대로 시간도 내 것이 아닙니다. 나는 내 시간의 단 1분 1초도 만들어 내지 못하며 연장시키지 못합니다. 시간만이 사라지는 것이 아니라 나의 소유로 여겨진 모든 것들이 죽음과 더불어 사라지게 됩니다.

주변의 가족들, 친구들, 학생들을 비롯한 내 주변의 사람들은 내게 잠시 주어져 있는 소중한 보물들입니다. 시간이 오래지 않아 많은 것들이 사라집니다. 심지어 함께 살아가는 아이들도 늘 같은 모습으로 머물지 않습니다. 이러한 깨달음은 주어진 순간과 더불어 곁에 있는 일과 사람들을 사랑하라는 깨달음으로 이어집니다.

《끝을 생각하면서 살기》*Living with the End in Mind* 라는 책에서 에린 크램프 Erin Kramp 는 암 진단을 받게 되었습니다. 에린에 따르면, 예전에 자신이 죽음을 직면하기 전에는 만일 1년 뒤에 죽게 될 것을 알게 된다면 세계를 다니면서 여행을 하겠다고 생각했답니다. 하지만 실제로 그가 암 진단을 받고 죽음에 직면했을 때 선택한 것은 여행이 아니었습니다. Erin Kramp, Douglas Kramp, *Living with the End in Mind*. Three Rivers Press, 1998, 15

에린이 선택한 삶은 자신이 사랑하는 사람들과 가급적 더 많은 시간을 보내는 것이었습니다. 죽음 앞에 갔을 때 우리의 우선순위는 많이 바뀔 수 있습니다. 죽음의 소용돌이 이전에 그토록 중요하게 생각되었던 일이 더 이상 가치 있는 일이 아니게 될 수 있습니다.

죽음은 우리를 무감각에서 건져 줍니다

이러한 점에서 죽음은 우리를 무감각에서 건져 줍니다. 죽음은 우리의 삶에 새로운 감각을 회복해 줍니다. 사실 우리는 일주일에도 엄청난 숫자의 죽음과 마주치면서 살아갑니다. 오늘날처럼 매스컴이 발달한 시대에서 죽음과 마주치지 않고 살아가는 날은 거의 없습니다. 매일 저녁 9시 뉴스에서는 수해로 삶을 마치고, 내전으로 죽으며, 테러로 인하여 세상을 떠난 사람들의 이야기를 쉬지 않고 전해 줍니다.

하지만 우리의 마음에 그들의 죽음은 크게 다가오지 않습니다. 이미 살펴본 대로 그러한 죽음들은 '물화物化된 죽음', 곧 사물처럼 다가오는 죽음을 의미합니다. 하지만 그 죽음이 나의 죽음이 될 때 죽음에 대한 우리의 느낌과 반응은 사뭇 달라집니다. 이전까지 사물처럼 느껴졌던 죽음이 내게 두렵고 떨리는 경험으로 다가오는 것입니다.

미치 앨봄Mitch Albom이 쓴 《모리와 함께한 화요일》이라는 책이 있습니다. 이 책은 루게릭 병에 걸려서 세상을 떠난 모리 슈워츠Morrie Schwartz 교수에 관한 이야기입니다. 모리 슈워츠는 평생 동안 대학에서 사회학을 가르친 교수였습니다. 그는 루게릭 병에 걸려서 근육무력증을 앓게 됩니다. 그는 이제 자신의 힘으로 움직일 수 없으며 화장실도 갈 수 없을 정도에 이르게 됩니다. 그의 제자 미치 앨봄이 모리 교수와 매주 화요일에 만나서 나눴던 이야기를 토대로 이 책은 쓰여집니다.

누군가 내 엉덩이를 닦아 줘야만 된다는 사실이 가장 두렵소

모리 교수는 미국 ABC 방송의 "나이트 라인"Night Line이라는 프로그램에서 대담을 하게 됩니다. 이 프로그램의 유명한 사회자인 테드 코펠은 모리 교수와 죽음에 대해서 여러 가지 대화를 나눕니다. 테드 코펠과 대화를 나누던 가운데, 모리 교수는 죽음의 과정 가운데 맛보게 되는 두려움에 대해서 다음과 같이 묘사합니다.

> 두 사람필자 주: 방송 프로그램의 사회자인 테드 코펠과 모리 교수은 사후 세계에 대해 이야기를 나누었다. 그리고 그들은 다른 사람에게 자신이 더 많이 의존하게 된다는 이야기도 했다. 그는 이미 먹고 앉고 장소를 이동할 때 다른 사람의 도움이 필요했다.
>
> 코펠은 물었다. "천천히 쇠락하는 데 가장 두려운 게 뭡니까?"
>
> 모리 선생님은 잠시 말을 멈추었다. 그리고 텔레비전에서 이런 말을 해도 되느냐고 물었다.
>
> 코펠은 괜찮다고 대답했다. 우리 선생님은 미국에서 가장 잘 나가는 인터뷰어의 눈을 똑바로 쳐다보며 말했다.
>
> "테드, 어느날 갑자기 누군가 내 엉덩이를 닦아 줘야만 된다는 사실이 가장 두렵소."앨봄, 모리와 함께 한 화요일, 33-34

우리는 인간의 삶이 어쩔 수 없이 의존적일 수밖에 없음을 죽음 가까이로 가면서 절감하게 됩니다. 모리 교수는 자신의 인생이 의존적일 수밖에 없음을 긍정적으로 받아들입니다. 자신의 연약한 지위를

긍정적으로 받아들일 때 삶의 새로운 시각이 열립니다.

> "내가 테드 코펠에게, 이제 곧 누군가 내 엉덩이를 닦아 줘야 할 때가 올 거라고 말했던 걸 기억하나? … 그것은 내가 타인에게 완전히 의존한다는 신호니까. 다른 사람이 내 엉덩이를 닦아 준다! 하지만 난 잘 해낼 거야. 그 과정을 즐기려고 노력할 거야."
>
> "즐겨요?"
>
> "그래. 결국 한 번 더 애기가 되는 거잖나."
>
> "상황을 독특한 시각으로 보시는군요."
>
> "글세. 지금은 인생을 독특하게 볼 수밖에 없지. 그런 사실에 당당히 맞서자구. 난 쇼핑을 하러 갈 수도 없고, 은행 구좌를 관리할 수도 없고, 쓰레기를 버리러 나갈 수도 없어. 하지만 여기 앉아서 한가한 나날을 보내며, 인생에서 중요하다고 생각하는 것들을 지켜볼 수는 있지. 난 그럴 수 있는 시간과 이유를 둘 다 가지고 있잖나." 앨봄, 모리와 함께 한 화요일, 59-60

나도 삶이 끝날 때는 이렇게 될까?

모리 교수는 자신의 죽음이 임박했음을 깨닫게 된 후부터 다른 사람들의 삶을 느끼기 시작합니다. 미치 앨봄은 모리 교수의 반응과 자신의 반응을 비교하면서 글을 써내려갑니다.

> "하지만 좀 설명하기가 어렵군. 내가 고통을 당하고 보니, 이전보

다 고통을 겪는 사람들이 더 가깝게 느껴지는 거야. 저번 날 밤에
는 텔레비전에서, 보스니아인들이 거리를 달려가다가 총맞아 죽
는 사람들을 봤어. 아무 죄도 없는 희생자들이었어…. 울음이 터
져 나오기 시작하더군. 바로 내가 당한 일처럼 그들의 분노가 느
껴졌어. 물론 나랑은 모르는 사람들이지만. 이런 기분을 어떻게
설명해야 좋을까? 하지만 난…. 그런 사람들에게 빠져 있다구."
그의 눈가가 촉촉해지자 나는 화제를 바꾸려 애썼다. 하지만 선
생님은 눈가의 물기를 찍어내며 손을 내저었다.
"요즘은 늘 이렇게 운다니까. 마음 쓰지 말게."
놀랍다는 생각이 들었다. 난 언론계에서 일했다. 그래서 사람들
이 죽는 현장에 관한 기사를 많이 다루었다. 슬퍼하는 유가족
들을 인터뷰하기도 했다. 심지어 장례식에도 참석했다. 그러면서
도 한 번도 울어본 적이 없었다. 그런데 모리 선생님은 지구 반
대쪽에서 고통당하는 사람들 때문에 울고 있었다. '나도 삶이
끝날 때는 이렇게 될까?' 무척 궁금했다.
'죽음이 커다란 파장을 만들어, 마침내 타인끼리 서로를 위해
눈물을 뿌리게 만들 수 있을까?'앨봄, 모리와 함께 한 화요일, 61

죽음은 은혜 의식을 회복시켜 줍니다

신앙적인 차원에서 볼 때, 죽음은 우리의 삶 속에서 '은혜 의식'을
회복시켜 줍니다. 은혜 의식이란 내 주변에 있는 모든 것들이 선물로
주어졌음을 깨닫는 것입니다. 은혜 의식의 반대는 당연스럽게 여기는

것입니다. 은혜로 받아들였을 때 우리의 마음에는 감격과 감사의 느낌이 있습니다. 생명을 은혜로 받아들일 때 우리는 오늘 살아 있음에 대해서 감사합니다. 건강을 은혜로 받아들일 때 우리는 오늘 다른 사람들의 부축을 받지 않고 걸을 수 있음에 감격합니다.

은혜 의식은 우리의 삶을 촉촉하게 적십니다. 반면에 은혜 의식이 당연 의식으로 바뀔 때 우리의 삶은 메마름의 수렁 속에 빠집니다. 모리 교수는 제자 미치에게 이 사실을 깨우쳐 줍니다.

> 그 모리 교수는 해가 드는 창을 고개로 가리켰다.
> "저거 보이나? 자네는 저 밖에 나갈 수 있지. 언제든 밖으로 나갈 수 있어. 이 동네에서 저 동네로 마구 달려갈 수 있어. 나는 그러지 못하네. 나갈 수 없어. 물론 달리는 것은 더더욱 불가능하네. 밖에 나가면 병이 심해질까 두렵지. 하지만 자네, 아나? 자네보다 내가 저 창을 더 제대로 감상한다는 것을."
> "창을 제대로 감상해요?"
> "그래. 매일 저 창 밖을 내다보지. 나무가 어떻게 변하는지, 바람이 얼마나 강해졌는지도 알아차린다네. … 내 시간이 거의 끝났음을 알기에, 처음으로 자연을 보는 것처럼 그렇게도 자연에 마음이 끌린다네." 앨봄, 모리와 함께 한 화요일, 97

죽음과의 만남은 삶을 새롭게 만들어 줍니다

죽음과의 만남은 삶을 새롭게 만들어 줍니다. 인생의 지혜는 마지막을 살핀 뒤에 오늘을 살아가는 데에 있습니다. 마지막을 미리 겪어 본 사람은 과정을 허송하지 않습니다. 스크루우지 영감이 새로운 사람으로 거듭날 수 있었던 것은 그가 먼저 죽음의 맛을 보았기 때문입니다. 죽음은 사람을 죽이지만, 죽음에 대한 깨달음은 삶을 새롭게 합니다.

죽음 자체는 인간의 생명에 종지부를 찍는 것입니다. 그렇기에 죽음은 우리에게 불안의 그림자를 드리웁니다. 하지만 죽음에 대한 깨달음은 인간의 삶을 더욱 고양高揚 시킵니다. 죽음에 대한 논의는 그렇게 끔찍한 것이 아닙니다.

우리가 이 책에서 죽음에 대해서 함께 생각해 볼 것을 제안했던 것은 바로 이러한 이유 때문입니다. 아브라함 매슬로우는 죽음과의 만남이 주는 축복을 다음과 같이 말합니다.

> 죽음과의 만남이야말로 모든 것을 아름답고 거룩하고 귀중하게 만드는 것 같습니다. 죽음을 맛본 이후 나는 삶을 더 정열적으로 사랑할 수 있게 되었습니다. 우리가 죽는 일이 없다면 어떻게 삶을 사랑할 수 있겠습니까?
>
> 재인용, 은준관, 절망으로부터의 출발, 샘터, 114

인생이 언젠가는 끝날 것이라는 사실을 아는 것은 반드시 염세적이며 허무적 생각을 낳는 것은 아닙니다. 봄에 아름답게 피어난 꽃잎이 떨어질 것이라는 사실은 오히려 그 꽃잎의 가치를 더 절실하게 느끼도록 만들어 줄 수 있습니다.

연세대 교수와 체육부 장관을 지냈던 이영호 교수는 죽음에 직면한 뒤에 살았던 삶이야말로 자신의 인생에 있어서 가장 소중한 순간이었다고 고백합니다. 이영호 교수는 두 번씩이나 암에 걸리는 비운을 맞았습니다. 그는 1985년에 비암 판정을 받았고, 1993년에는 대장암 판정을 받았습니다. 그는 대장암에 걸려서 투병하는 가운데 보냈던 한 해가 자신의 인생에서 가장 값진 한 해였음을 자녀들에게 고백하고 있습니다.

> "아무튼 지난 한 해는 내가 살아온 60년 가운데서 가장 특별한 해였어. 가장 값진 한 해였다고 할 수도 있을 거야. … 이렇게 한 해를 회고해 보니 보람과 기쁨은 언제 어디서나 가능하다는 생각이 드는구나. 내 평생에 있어서 가장 암울한 한 해가 될 수도 있었는데 오히려 가장 보람되고 생산적인 한 해가 되었으니 커다란 시련이 큰 은혜가 된 셈이다."
>
> 이영호, 인생은 예행연습 없는 마라톤이야, 민예원, 118, 120-21

죽음이 오지 않을 것처럼 인생을 살아가는 사람이 있습니다. 하지만 그들은 마침내 죽음이 다가오면 허둥대면서 인생을 제대로 마무리하지 못합니다. 그들의 모습은 마치 마감종이 울릴지를 예상치 못하고 앞부분의 문제들만 끄적이다가 낭패의 표정을 짓는 수험생의 모습과 같습니다.

하지만 죽음을 아는 사람은 죽음이 올 것을 미리 대비합니다. 시험을 치를 때 마감시간이 있음을 아는 것은 여러 모로 도움이 됩니다. 시간이 무한정 허락되는 것이 아닙니다. 종鐘을 치는 시간이 있음을 알면서 문제를 풀 때 인생의 지혜를 얻을 수 있습니다.

우리는 죽음 앞에서 삶의 허무함을 경험합니다

마지막으로, 죽음 앞에서 우리는 인생의 기초와 의미에 대해서 물음을 던지게 됩니다. 이는 죽음이 우리의 삶 가운데 무의미의 문제를 던져 주기 때문입니다. 죽음은 우리가 일생을 바쳐 쌓아온 재산, 지위, 명예를 모두 무의미한 것으로 만듭니다. 어떤 속담에 '수의에는 주머니가 없다'는 말이 있습니다. 장의차 뒤에 이삿짐 차가 뒤따라가는 것을 우리는 본 일이 없습니다.

인간의 삶이 유한하고 불확실하다는 사실은 우리로 하여금 내 인생을 어느 곳에 둘 것인가를 진지하게 생각해 보도록 만듭니다. 죽음 앞에서 우리는 인생의 많은 것들이 바닷가의 모래알과 같음을 경험합니다. 이제 곧 파도가 몰려 와서 지금까지 쌓았던 모래성을 무너뜨립니다. 밀려올 파도가 있음을 알기에 우리는 모래성을 크게 쌓지도 않으며 오랫동안 쌓지도 않습니다. 대개 모래성을 쌓는 사람들의 평균 연령이 10세 이하인 이유가 여기에 있습니다. 인생의 많은 것들이 죽음에 의하여 사라져 버릴 것임을 알게 될 때 우리는 죽음 앞에서 삶의 허무함을 경험합니다.

인생의 기초에 관한 문제는 우리로 하여금 영혼의 문제에 직면하게 합니다. 죽음 앞에서 사람들이 고민하는 문제는 영혼의 문제입니다. 죽음 앞에서 우리는 영혼의 질문을 던질 수밖에 없습니다. 죽음 앞에서 우리는 여러 가지에 대한 두려움을 느낍니다.

사실 인간이 죽음에서 마주치는 공포는 단지 죽는다는 사실에 대한 공포가 아닙니다. 사람은 무의식 가운데 자신이 죽는다는 것을 알고 있기 때문입니다. 죽음 가운데 인간이 마주치는 공포는 죄와 심판의 공포, 즉 죽음 이후에 찾아오는 불확실성에 대한 공포입니다.

죽음 앞에서는 이루지 못한 삶에 대한 후회가 있습니다. 또는 '사라져 버릴 내 인생'에 대한 두려움이 있으며 죽을 이후에 있을 심판에 대한 두려움이 있습니다. 그러나 무엇보다도 큰 문제는 영혼의 문제입니다. 사람들을 괴롭히는 두려움은 창조주 앞에 설 수 있느냐에 대한 두려움입니다.

죽음 앞에서 사람들은 여러 가지를 후회합니다. 죽기 직전에 학창 시절을 회상하면서 '그때 좀더 좋은 성적을 받았어야 하는데…' 하면서 삶을 마치는 사람은 거의 없습니다.

우리는 죽음에 직면하여 '내가 하나님 앞에 설 수 있을 것인가'의 문제를 마주치게 됩니다. 미치 앨봄이 들려주듯이, 모리 교수의 경우에도 죽음은 그로 하여금 영혼에 관한 진지한 진술을 하게 만들었던 것입니다.

"테드, 이 병이 내 영혼을 두드려대고 있어요. 하지만 내 영혼을
잡아먹진 못할 거예요. 내 몸은 잡아먹겠지만, 내 영혼은 '절대
로' 잡아먹지 못해요."…

선생님은 천장 쪽으로 눈길을 돌리며 덧붙였다.

"이제 저 위에 있는 양반이랑 협상을 벌이고 있다오. 난 그에게
이렇게 물어요. '나한테 천사 자리 하나 내줄 겁니까?'"

그가 하나님과 대화한다는 것을 인정한 것은 이때가 처음이었
다. 172-3

　　죽음 앞에서 우리의 최종적 문제는 영혼의 문제이며, 죽음에 대
한 깨달음이 줄 수 있는 최고의 선물은 인간으로 하여금 하나님 앞
에서 용납 받는 영혼이 되는 결단을 하게 만드는 것입니다. 죽음 앞에
서 우리가 하나님과 새로운 만남을 가질 때 우리는 시간의 생명이 다
하는 날 영원한 생명을 선물로 받게 될 것입니다. 그러므로 예수 옆에
달렸던 강도는 비록 인생의 처참한 실패 속에서도 영원을 향한 낙원
樂園에 이르는 축복을 받게 된 것입니다.

　　예수여 당신의 나라에 임하실 때에 나를 기억하소서 하니
　　예수께서 이르시되 내가 진실로 네게 이르노니 오늘 네가 나와
　　함께 낙원에 있으리라 하시니라 눅 23:42-43

　　지금까지 우리는 죽음이 우리의 삶에 안겨줄 수 있는 선물들에

대해서 살펴보았습니다. 죽음은 우리에게 부여된 시간의 소중함을 일 깨워 주며, 우리에게 맡겨진 일과 사람들의 소중함도 가르쳐 줍니다. 또한 죽음은 우리로 하여금 삶의 새로운 감각을 소생시켜 주며, 동시 에 은혜 의식을 회복시킴으로써 우리의 삶을 새롭게 해 줍니다. 무엇 보다도 죽음은 우리 인생의 기초와 의미에 대한 물음을 던짐으로써 인간이 쌓는 물질의 허무를 넘어서 영혼의 문제를 진지하게 고려하도 록 돕습니다.

이제 우리는 죽음에 관한 일반적 관찰을 넘어서 실제 죽음 가까이 갔을 때 인간이 보이는 반응에 대해서 생각해 보려고 합니다. 이 장에서 우리는 죽음에 대한 반응과 실제로 임종하는 사람들을 돌보는 '호스피스' 사역에 대해서 살펴볼 것입니다.

죽음에 대한 반응의 단계들: 부인과 분노

죽음 앞에 섰을 때 그 주인공은 죽어가는 사람입니다. 주변에 있는 의사, 간호사, 친척들은 조연에 불과합니다. 우리는 인생 드라마의 주인공으로서 우리 삶의 마지막 출구를 걸어가는 과정을 능동적으로 받아들일 수 있도록 훈련해야 합니다. 이 훈련을 위하여 우리는 먼저 죽음 반응의 여섯 단계를 살펴볼 것입니다. 우리는 엘리자베스 퀴블러 로스가 저술한 《인간의 죽음: 죽음과 임종에 관하여》*On Death and Dying*

와 알폰스 데켄의 《죽음의 철학: 죽음준비교육의 목표》라는 책을 참고하면서 죽음에 이르는 과정의 단계들을 고찰합니다.

우리가 죽음에 관한 소식을 접하게 될 때 제일 먼저 보이는 반응은 '부인'denial입니다. 이는 자신이 죽게 된다는 사실을 부정하는 것입니다. 지금까지 자신 옆에 있는 것들이 그대로 있습니다. 그런데 그 모든 것들을 소유한 자신이 이 자리에서 사라질 것임을 받아들일 수 없습니다. 예를 들어, 의사로부터 암의 진단을 받았을 때 사람들은 그 말을 믿지 않습니다. 마음 속에서 '의사 선생님, 지금 그 말은 농담이지요?' 하는 생각이 듭니다.

죽음의 두 번째 단계는 '분노'anger입니다. 자신이 죽어야 한다는 사실에 대해서 화를 내는 것입니다. 분노의 이면에는 속았다는 느낌이 있을 수 있습니다. 자신에 대해서 분노합니다. '이렇게 될 줄 알았더라면 다른 삶을 살았을텐데!' 하는 후회가 있을 수 있습니다.

이는 하나님을 향한 분노일 수도 있습니다. "왜 내가 죽어야 하는가?"Why me?를 절박하게 외칩니다. 죽어야 할 사람들은 저런 사람들인데 왜 내가 죽어야 하는가, 세상에는 나보다 훨씬 더 나쁜 사람들이 많은데 왜 내가 죽어야 하는가를 절규하는 것입니다.

또는 "왜 하필이면 지금 죽어야 하는가?"Why now?를 묻습니다. 지금 내게는 아직 어린 자녀들이 있고, 아직 내게는 이루지 못한 일들이 있는데 지금 죽게 되면 어떻게 되느냐 하며 절규합니다.

자신의 죽음을 향한 분노는 주변의 가족이나 의료진에게 돌아가기도 합니다. 지금까지 제대로 병명을 진단하지 못한 의사를 향한 분노가 될 수도 있고, 인생에서 자신에게 적합한 대우를 해 주지 않았던 가족을 향한 분노가 될 수도 있습니다. 하지만 이러한 분노는 사실상 죽음 자체를 향한 것입니다.

타협

죽음의 세 번째 단계는 '타협'Bargaining입니다. 자신이 죽게 된다는 소식을 들은 것에 대해서 분노가 지난 후에 깊은 후회가 몰려옵니다. 자신이 죽게 된다는 것을 알게 되었을 때 지나가 버린 수없는 기회들에 대해서 깊은 후회가 생깁니다.

죽음에 직면하여 이렇게 말하는 사람들이 적지 않습니다. "목사님, 제가 이렇게 될 줄 미리 알았더라면 다르게 살았을 것입니다." 이루지 못한 일들, 용서하지 못한 사람들, 화해를 이루지 못한 관계들에 대해서 깊은 아쉬움이 마음 깊은 곳으로부터 분출됩니다.

죽음의 그림자가 드리울 때 우리는 사랑한다고 말했어야 했지만 그냥 지나쳐 버린 시간을 생각합니다. 말썽을 피운 자녀를 향해서 내가 다 용서한다고 말했어야 했지만 작은 분노 때문에 등을 돌려버린 경우를 원통하게 느낍니다. 크리스토퍼 몰리는 만약 사람들에게 앞으로 남아 있는 시간이 단 5분뿐이라면 사람들은 전화통으로 달려가서 '내가 이전에 한 말은 진짜가 아니다. 실은 내가 당신을 사랑했노라'고 고백할 것이라고 하였습니다.

인생에 대한 깊은 후회 가운데 죽음에 직면한 사람은 이제 어떻게 더 살 길이 없는가를 탐색하게 됩니다. 마치 그림을 망친 아이가 새로운 종이를 애원하듯이, 인생을 망쳤다고 생각하면서 후회하는 사람은 새로운 시간과 인생을 애원하게 되는 것입니다. 우리는 이 단계를 타협의 단계라고 부릅니다.

타협 가운데 나오는 애원은 다양한 형태를 띠게 될 것입니다. 자녀가 있는 경우에 자녀의 결혼식까지만 살 수 있도록 애원할 수도 있습니다. 신앙을 가졌던 사람은 그동안 소홀했었던 신앙 생활을 뉘우치면서 새로운 기회를 요청할 수도 있습니다. "하나님, 저를 살려 주시면 이제부터 교회에 열심히 나가겠습니다." 하면서 기도하기도 합니다.

생애 성찰 치료

죽음에 대한 타협의 단계는 이전에 맞이한 부인이나 고립의 단계와는 달리 우리 삶의 마지막 과정에서 긍정적인 역할을 할 수 있는 단계입니다. 타협의 단계는 생애 성찰 치료 life review therapy를 하기에 좋은 단계입니다. 이때 우리는 지나간 인생을 성찰하면서 인생의 굴곡을 교정할 수 있는 좋은 기회를 맞이합니다. 과거에 맺혔던 원한을 풀어가면서 화해와 용서의 걸음을 내디딜 수 있습니다.

이때 우리의 소원은 단순해집니다. 이전까지 가지고 있던 많은 소원들은 더 이상 중요해지지 않습니다. 우리의 삶이 연장될 수 있다면 우리는 모든 것을 포기할 수 있습니다. 내게 주어진 시간만 조금 더 연장되어 인생의 새로운 기회를 부여받을 수 있기만을 바라는 것입니다. 이때 우리는 해결치 못한 인간 관계를 새롭게 풀어갈 수 있으며, 끝내지 못했던 인생의 과업에 집중할 수 있습니다.

우울과 용납

죽음의 네 번째 단계는 '우울'Depression 의 단계입니다. 이전 단계의 타협 속에서도 죽음의 그림자가 다가옵니다. 이때는 미래의 희망을 상실합니다. 모든 가능성이 사라집니다. 이제 내게 더 이상의 미래가 없음을 직감하면서 우울과 체념의 단계에 빠지게 됩니다.

하지만 성숙한 사람은 네 번째 단계를 넘어서서 금방 다섯 번째 단계에 도달하게 되는데, 다섯 번째 단계는 '용납'Acceptance 의 단계입니다. 이제 자신이 죽으리라는 것을 깨끗하게 받아들이게 됩니다. 자신이 세상에 태어날 때가 있었듯이, 이제 삶을 마무리할 단계가 왔음을 받아들이게 됩니다. 삶의 마지막 과정을 평온 가운데 받아들일 수 있을 때 우리는 이제 삶의 마지막을 제대로 가꿀 수 있습니다. 더 살고자 하는 애착과 욕심 가운데 우리의 눈에 얼룩자국이 있을 때 우리는 삶의 마지막 여행길을 제대로 살필 수 없기 때문입니다.

분노의 죽음인가, 용납의 죽음인가

그런데 다섯 가지 단계는 모든 사람이 필연적으로 겪는 단계는 아닙니다. 어떤 사람들은 다섯 번째 단계에 이르기 전에 세상을 떠날 수도 있습니다. 분노 가운데 죽음을 부인하면서 세상을 떠날 수도 있습니다. 한 설교자는 부인 가운데 죽음을 맞이했던 사람의 경우를 소개하고 있습니다.

오래 전에 있었던 일입니다. 서울대학교 모 단과대학의 학장님으로 계시던 분이 위암으로 거의 죽게 되었습니다. 사회적으로 참 유능하고 지성적인 분인데, 유감스럽게도 예수를 믿지 않습니다. … 임종의 시간은 다가오는데, 그 부인은… 죽어가는 남편을 어떻게 대해야 할지 난처한 지경에 빠졌습니다. 제게 찾아와 유서를 쓰고, 유언을 하게 해달라고 부탁을 합니다.

그래서 제가 단독으로 만나 한번 권면해 보았습니다. "아무래도 당신은 의학적으로 며칠을 못 살 것 같습니다. 이제 유언을 하셔야 되겠습니다." 제 나름으로는 정중하고 조심스럽게 말을 건넸는데, 그분은 "내가 왜 죽어?" 하고 버럭 화를 내는 것이었습니다.

제가 얼마나 말을 잘못했는지 모르겠지만, 저로서는 큰 충격을 받았습니다. 아무튼 내가 왜 죽느냐고 하던 그 사람, 몇 시간 후에 죽었습니다. 저는 그때 받은 그 인상을 잊을 수가 없습니다.

곽선희, 우리가 이 일에 증인이로다, 모세의 고민, 계몽문화사

반면에 어떤 사람들은 분노나 절망의 단계에 오래 머물지 않고 곧바로 용납의 단계로 나아갈 수도 있습니다. 릴리 핑커스는 "죽는 이와 남는 이를 위하여"라는 글에서 자기 남편의 예를 소개합니다. 그의 남편 후릿츠 핑커스는 어느 날 병원을 방문했다가 의사로부터 암 진단을 받습니다. 그때 후릿츠가 보인 삶의 태도는 용납의 태도를 보여 줍니다.

내 남편 후릿츠는 1963년 5월에 세상을 떠났다. 암으로 인해 11년

동안 고통을 당하고 여러 차례 수술을 받은 뒤였다. 우리 부부는 처음 진단이 내려진 그 순간부터 그의 병명을 알고 있었다. …

한참 후 엑스레이 사진을 들고 의사가 암실로부터 나왔을 때, 후릿츠와 나는 의사 얼굴에 쓰여져 있는 후릿츠 병세의 진단 내용을 뚜렷이 읽을 수 있었다. 후릿츠는 의사에게로 뚜벅뚜벅 걸어가더니 이렇게 말하였다.

"의사 선생님, 정말 죄송합니다. 이런 일이란 의사 선생님이 감당해내기 정말 힘든 일입니다. 말씀 안 하셔도 제가 잘 압니다."

릴리 핑커스, 이인복 옮김, 죽는 이와 남는 이를 위하여, 고향서원, 1979, 11-12

용납의 태도를 보여 준 또 다른 예로써, 우리는 스위스 취리히 대학 법학부 교수였던 피터 놀의 경우를 들 수 있습니다. 피터 놀 교수는 1981년에 자신이 암에 걸렸다는 것을 알게 되었습니다. 그 상황에서 놀 교수는 수술을 받기보다는 자신에게 주어진 상황을 그대로 받아들이기로 결정합니다. 놀 교수는 다음에서 그 이유를 설명합니다.

1981년 12월 19일. 나는 암에 걸렸다는 사실을 알게 되었다. 나는 수술을 끝내 거부했다. 이것은 어떤 영웅주의적 심리에서 나온 것은 아니다. 다만 이런 수술로 얼마간의 생명을 연장시키는 것이 나의 사생관死生觀에 적합하지 않다고 생각했기 때문이다. 나는 주어진 상황을 있는 그대로 거짓 없이 받아들이는 최선의 삶을 살고자 했다. 얼마간의 생명 연장이란 별 의미가 없다고 생각했다. 왜냐하면 이 세상의 어느 것도 결코 영원과 만날 수는 없기 때문이다. …

분명한 나의 확신은 사람이 삶 속에서 죽음을 깊이 생각하며 사는 것이… 죽음이 없을 것처럼 살아가는 것보다 훨씬 더 깊은 뜻을 발견하는 계기가 된다는 사실이었다. 나는 진정으로 죽음과 사귀는 시간을 가졌다. 나는 이전에 생각했던 것보다 시간이 짧다는 것을 깨달았다. 슬픈 생각이 든 것은 사실이었다. 하지만 결코 절망에 빠지지는 않았다. 모두가 죽게 된다는 사실을 깊이 숙고하고 살아간다면 우리는 자유롭게 될 것이다. …

우리 모두는 홀로 죽는 것이며, 누구도 나와 함께 죽지 않는다. 죽음에 대한 이러한 생각은 지난 한 달 동안의 고통과 아픔 속에서 배운 것이다. 이 생각은 나의 삶을 더욱 풍요롭게 만든 계기가 되었다.

재인용, 김기복, 죽음에 대한 기독교적 이해, 종교교육위원회 편, 현대인과 기독교, 연세대학교 출판부, 278-279

기대와 희망

퀴블러 로스가 죽음의 과정을 다섯 단계로 소개하는 반면에 일본의 죽음학자 알폰스 데켄 교수는 죽음의 여섯 번째 단계를 도입합니다. 알폰스 데켄에 따르면, 여섯 번째 단계는 '기대와 희망'Anticipation and Hope 의 단계입니다.

데켄이 많은 사람들을 상담하면서 관찰해 본 결과 죽음의 과정 가운데 다섯 번째 단계를 넘어서서 그 다음의 단계를 밟는 사람들이 많았다고 합니다. 어떤 사람들은 죽음에 대해서 단지 수동적으로 용납할 뿐만 아니라 미래의 희망 속에서 적극적으로 죽음을 고대하기도 하였습니다. 알폰스 데켄 교수는 자신이 어린 시절에 겪었던 누이 동생의 죽음 이야기를 우리에게 들려줍니다.

> 개인 경험으로 제 누이 동생이 다섯 살 때 독일에서 죽어가는 모습을 본 경험이 있습니다. 우리 형제 자매는 여덟이었는데 이 누이 동생이 살아날 가망이 없다고 판단이 되어 우리는 누이 동생을 집으로 데리고 와서 마지막 순간을 집에게 보내게 했습니다. 제가 어렸을 때 가장 귀중한 경험 가운데 하나는 죽어가는 다섯 살 난 누이 동생을 돌보았던 경험입니다.
> 제가 다녔던 학교 선생님들보다 더 많이 저를 가르쳐 준 이는 죽은 누이 동생이었습니다. 제 누이 동생은 죽어가면서 저에게 '우리는 하늘나라에서 다시 만날 거야'라고 말했습니다.
>
> 알폰스 데켄, 죽음의 철학: 죽음준비교육의 목표. 삶과 죽음을 생각하는 회, 18-19

우리는 김준곤 목사의 《영원한 첫 사랑과 생명 언어》라는 글 속에서 죽음을 용납할 뿐만 아니라 죽음 너머에 있는 것을 바라보면서 죽음을 새로운 희망의 계기로 승화시키는 모습을 발견합니다. 김준곤 목사는 첫째 딸 신희의 죽음을 겪으면서 부활의 주님을 더 깊이 체험하게 됩니다.

김준곤 목사가 전하는 딸 신희의 투병 이야기는 눈물 없이 읽을 수 없는 이야기입니다. 제법 길지만 우리는 신희 자매의 투병 이야기를 인용해 봅니다.

내 딸 신희는 만 29세를 일기로 세 살과 다섯 살 난 두 딸과 남편을 남겨 놓고 주님의 부름을 받아 1982년 4월 26일 세상을 떠났다.

어쩌다 늦게사 발견되어 1981년 12월 10일 S병원에서 개복 수술을 받은 때는 이미 말기 위암이었다. ⋯ 수술이 끝나고 난 뒤 집도의는, 수술 자체는 성공적이지만 5, 6개월 이상 생존하지는 못할 것이라 했다. 생존 가능성이 있느냐고 했더니 10만분의 일, 100만분의 일도 없다고 한다.

신희는 가냘프고 순하고 얼굴도 곱고 공부도 잘하고 마음과 성품은 더 고와서 나무랄 데가 없는 아이였다. ⋯ 걱정을 안끼치려고 그런 건지 아무리 아파도 꾹 참아 버리는 그 성격이 암을 4기가 될 때까지 참아 버리게 한 것이다.

집에 있을 때, 깊은 밤이 되면 식구들에게 방해가 안되도록 텅 빈 응접실에 혼자 몰래 나와서 그 무서운 복통을 참느라고 몸을 비틀며 울면서 신음하던 것을 밤마다 볼 수 있었다. 그러나 그 오랜 기간 동안 밤이면 혼자 울어 눈이 부었는데도 누구보다 먼저 세수했으며 식구들이 보는 데서는 결코 울지 않았고 너무나 태연했다. 문병 온 사람들이 울어도 신희는 일부러 태연했다.

신희는 본래 약하기는 했지만 잔병치레 없이 건강한 편이었다. 그러나 복부에만은 다섯 번씩이나 수술을 받았으니 난도질을 해놓은 것이나 다름없다. 맹장 수술, 분만 때 받은 두 번의 제왕 수술, 그리고 위암 수술, 또 한 번의 장 수술이 그것이다. 체중이 26kg까지 내려간 자기 몸을 만져보고 상처와 주사바늘, 코에 꽂은 호스, 복수를 뽑기 위해 호스를 꽂아 놓은 배를 만져 보고는, "엄마, 내 몰골이 말이 아니지?" 하며 쓸쓸한 웃음을 짓는 것을 볼 때, 가슴이 꽉 메어왔다.

전주 예수병원 병실에서 내다보이는 4월의 개나리 꽃 동산은 아름다웠다. 그날 오후 신희는 한 시간쯤 특별히 기분이 좋아 있었다. 그때 갑자기 대학 시절을 회상했는지 기분이 좋아져서 일어나 앉더니 내 손목을 꼭 붙잡고는 "아빠, 나 살고 싶어요. 살 길이 없을까요?" 하는 것이다. 신희의 남은 삶이 얼마 없다는 사실을 의사에게서 선고받고, 나는 신희의 신앙을 준비시켜야겠다고 마음먹고 있던 터라 이때다 싶어 말을 꺼냈다.

"신희야, 너 주님 만날 준비를 해야 한다. 그리고 네 남편과 두 딸에게 남길 말도 녹음해 둬야 하겠다."

"아빠, 고마워요. 사실은 진작부터 그 일을 부탁드리고 싶었지만 미안해서 말씀 못드렸어요. 내게는 죽는 것은 아무 문제가 없어요. 다만 주님을 위해 별로 한 일이 없는 것이 걱정일 뿐이에요. 그런데 고통이 무서워요."

우리가 그날 기도회를 가질 때 신희는 성령충만하여 빛나는 얼굴로 영감에 찬 기도를 드렸다. 그 기도가 구구절절 내 가슴을 아프게 했다.

"주님, 만일 다시 살 기회를 한 번 더 주신다면 내가 어떤 삶을 살 것인지 주님이 잘 아십니다. 그러나 주님이 주시는 어떤 잔도 감사하고 찬송하며 마시게 해 주십시오. 주님의 뜻에 순종하고 싶습니다. 내 고통과 눈물이 기도가 되고 찬송이 되게 해 주십시오. 고통의 잔은 감당할 힘이 없사오니 주님이 책임지고 감당케 해 주십시오."

신희의 최대의 공포는 참을 수 없는 극한 고통이었다. 신희가 고통을 참는 것을 보면 이마에 식은땀이 배고 두 발과 두 손목을 비틀고 온 몸을 비틀며 주님을 부른다. 나중에는 신희는 누워서 기도하고 나와 내 아내는 끊임없이 신희의 손목을 잡고 신음같은 기도를 했다. 신희가 토할 때마다 나는 내 죄를 창자까지 토했고 자나깨나 앉으나 서나 주님과 신희를 번갈아 부르며 숨쉬듯 기도했으나, 내 생애의 가장 애절한 기도는 무참히 거절당했다. 주님은 나의 가장 소중하고 소중한 것을 기어이 빼앗아가 버렸다.

김준곤, 딸의 죽음, 그 존재의 제로점에서, 순출판사, 2002

부활의 주님을 바라보면서

극심한 육체적 고통 속에서 신희 자매와 김준곤 목사는 죽음을 받아들일 뿐 아니라 부활의 주님을 바라보면서 부활의 소망을 가지게 됩니다. 자식을 먼저 보내야 하는 애끓는 마음을 품으면서도 김준곤 목사는 딸을 바치는 신앙인의 심정을 다음과 같이 토로합니다.

어느 날 나와 내 아내는 아브라함이 이삭을 바치는 순종과 수락을 결심하면서부터 지각에 뛰어난 평강이 왔다. 주님의 절대 사랑과 승리의 힘을 주실 것에 대한 신앙을 나는 다시 고백하였다. 교환된 삶, 산 제사를 드리는 삶의 비결을 우리는 소유했다. 주님은 살아 계셨다. 주님은 사랑이었다. 주님은 약속을 지키는 신실한 분이다. 내 딸이기 이전에 주님의 딸이다. 내가 사랑하기보다 주님이 더 사랑하신다. 그래서 주님은 신희가 천국에서 더 필요하셔서 더 높이 쓰시려고 특별 고통 코스로 특별 연단을 시켜 신희를 특별히 불러 가신 것이다.

신희의 평생 기도는 시집 식구들의 복음화였는데, 지금은 시집 식구의 4촌 6촌들까지 모두 예수를 믿게 되었다. 신희는 그의 죽음으로 주님께 영광 돌리게 해 달라고 기도했는데 병원마다 신희는 모범 환자로 소문났고, 그의 장례식 때 참석했던 내 사위의 두 후배가 그날 장례식을 보고 예수 믿기로 작정했다고 들었다. 얼마나 감사한 일인가!

김준곤, 딸의 죽음, 그 존재의 제로점에서, 18-20

창세기 첫날처럼 날마다 영원한 첫사랑을 살자

죽음의 잔혹한 현실 속에서 기대와 희망의 단계를 밟는 사람들은 단지 죽음을 수동적으로 받아들이는 데서 끝나지 않습니다. 기대와 희망의 단계 가운데 있는 사람들은 죽음 속에서 새 생명을 일으키시는 주님의 손길을 바라보면서 새로운 신앙의 고백을 드립니다. 이는 바울이 묘사하는 아브라함의 신앙과 일치하는 것입니다. '그가 믿은 바 하나님은 죽은 자를 살리시며 없는 것을 있는 것으로 부르시는 이시니라' 롬 4:17.

김준곤 목사는 "내 인생과 신앙의 마지막 계단에서"라는 글에서 슬픔과 회한의 과거, 불확실과 불안의 미래 사이에 끼어서 살지만 신앙 가운데 새 날을 바라보는 신앙인의 자세를 다음과 같이 묘사합니다.

> 과거는 회한과 슬픔뿐이고 미래는 안개처럼 불확실하고 불안하다. 나는 주님만 바라보아야 한다. 미래는 백지같이 열려 있다. 시집가는 처녀처럼 새날을 맞이하여 새 집에서 새 살림 꾸려 새 사랑을 살자. 한 해 한 해를 사는 것이 아니다. 하루하루도 아니다. 한 발짝 한 호흡 주님 사랑하며 창세기 첫날처럼 날마다 영원한 첫사랑을 살자.
>
> 김준곤, 내 인생과 신앙의 마지막 계단에서, 43

기대와 희망의 단계는 세 번째 타협의 단계와 분명히 다른 것입니다. 타협의 단계에서 우리가 기대하는 것은 삶을 연장시키는 것입니다.

이 생을 조금만 더 연장하기 위하여 우리는 온갖 요구조건을 다 내걸게 됩니다. 하지만 여섯 번째 희망의 단계는 이미 절망과 용납의 단계를 거쳐온 희망과 기대의 단계입니다. 이때 우리의 모델은 나사로의 소생이 아니라 예수 그리스도의 부활입니다. 죽음의 마지막 단계에서 우리가 바라보는 것은 일시적 소생의 기적이 아니라 영원한 부활의 능력입니다.

말기의 불치병 환자를 만날 때가 있습니다

이제 우리는 임종의 길을 걷고 있는 사람들을 어떻게 대할지에 대해서 생각해 보겠습니다. 우리는 죽음을 눈앞에 둔 사람을 만날 때가 있습니다. 그들을 어떻게 대할 것인가는 쉬운 문제가 아닙니다. 우리는 죽음을 눈앞에 둔 임종자를 가급적 피하려고 합니다. 어쩌다 마주쳤을 때 우리는 화제의 빈곤을 느낍니다. 도대체 무슨 말을 해 주어야 할지를 모릅니다. 빨리 완쾌되기를 바란다는 말을 의례적으로 건네지만 더 이상 어떤 말을 해야 할지를 모릅니다. 때로는 쾌유되기를 바라는 말이 속히 텅빈 말임을 말하는 사람이나 듣는 사람이 분명히 느끼는 경우도 있습니다.

말기의 불치병은 사람의 시야를 좁게 만들기 쉽습니다. 질병에 걸린 사람들은 자신의 의사와 관계없이 병의 진행상태와 건강문제에 파묻히게 됩니다. 그를 찾아오는 사람들은 몸이 어떤가를 묻게 됩니다. 따라서 환자들은 자신의 바람과는 달리 그저 정해진 지루한 이야기만 반복하게 만듭니다.

병 중에 있거나 죽어가는 사람도 일상적인 세계에 대해서 알기를 원하며, 세상이 어떻게 돌아가고 있는지에 대해서 듣기를 원합니다. 죽어가는 사람들은 질병 가운데 있을 때에도 더 큰 세계의 일원으로 남아 있기를 바라고 있습니다. 모리 교수는 제자 미치 앨봄에게 다음과 같이 말합니다. "내가 죽어간다고 해서 세상에 무슨 일이 일어나는지 신경쓰지 않으리라 생각하나?"[60] 헨리 나우웬도 《죽음, 가장 큰 선물》에서 비슷한 경험을 말하고 있습니다.

> 내가 사고를 당해서 병원에 입원해 있는 동안, 내 건강 상태보다 더 큰 어떤 것에 내 관심을 돌려준 방문객들이 얼마나 고마웠는지 아직도 기억이 생생합니다. 나는 내가 세계와 동떨어져 있지 않다는 것이 고마웠습니다.
>
> 헨리 나우웬, 홍석현 옮김, 죽음, 가장 큰 선물, 홍성사, 120

임종자와의 만남 가운데 삶의 극적dramatic 교육 과정이 있습니다

오늘날 우리는 죽음을 앞에 둔 사람을 격리시킵니다. 우리 사회가 임종자로부터 얻을 수 있는 특수한 가르침의 기회를 박탈하는 것입니다. 이때 우리는 죽음 가까이 가는 사람을 통해서 배울 수 있는 삶의 극적dramatic 교육 과정을 상실합니다.

우리는 임종의 길을 걷는 사람들을 대함에 있어서 배움의 자세를 견지하는 것이 좋습니다. 특히 죽음의 길을 경험하는 임종자들은 주변의 공동체에 큰 공헌을 할 수 있습니다. 인생의 마지막 출구인 죽음의 길을 걷는 사람들은 길의 도중에 있는 사람들에게 좋은 깨달음을 전해 줄 수 있기 때문입니다.

일본에서 죽음 교육의 중요성을 강조하면서 '삶과 죽음을 생각하는 모임'을 이끌고 있는 상지대 알폰스 데켄 교수는 24년 1개월 만에 불치의 병에 걸려서 세상을 떠나게 된 우에모또 우사무의 이야기를 들려줍니다. 데켄 교수는 우에모또에게 다음과 같이 말하면서 850명이 수강하는 상지대학교의 세미나에서 자신의 경험을 나눠줄 것을 부탁하였습니다.

> "당신처럼 젊은 나이에 죽는 것은 대단히 어려운 일입니다. 그러나 이제 당신은 내가 경험치 못한 것을 경험하게 됩니다. 이제 당신은 나의 스승입니다. 나는 당신을 통해서 배우기를 원합니다."
>
> 데켄, 죽음의 철학: 죽음준비교육의 목표. 삶과 죽음을 생각하는 회, 24

이 부탁을 받고 강의를 했던 우에모또는 다음과 같이 증언했습니다. "나는 아주 행복합니다. 나는 무엇인가 할 수 있었고, 또한 가르칠 수 있었기 때문입니다. 이 사실에 대해서 행복하게 생각합니다."

삶의 드라마에서 임종의 길 가운데 있는 사람들은 결코 쓸모없는 사람들이 아닙니다. 우리는 임종자臨終者들의 경험을 통해서 우리의 삶을 새롭게 할 수 있습니다. 임종자들의 이야기가 더 많이 들리게 될 때 우리는 기저귀 문화 일변도에서 벗어나, 수의 문화를 통해서 우리의 문화를 더욱 새롭게 할 수 있습니다.

연세대 교수를 지냈고, 한때 체육부 장관을 지냈던 이영호씨는 죽음의 과정 속에서 자신이 느끼고 깨달은 내용을 자식들에게 전해 주기로 결심했습니다. 그래서 그는 자신이 느낀 바를 편지 형식으로 자신의 자녀들과 사위에게 써 주었습니다. 그는 인생의 마지막 출구를 겪으면서 깨달은 내용들을 자녀들에게 유언처럼 남긴 것입니다.

이영호 교수의 편지들이 사람들에게 알려져서 그 편지들은 후에 국민일보에 연재되었고, 나중에는 '인생은 예행연습 없는 마라톤이야' 라는 제목으로 출판되었습니다. 이 글에서 이영호씨는 인생의 마지막을 걷는 사람으로서 자신이 얻게 된 삶의 새로운 시각과 지혜를 우리에게 나눠주었던 것입니다. 이러한 역할을 부여받을 때 임종자는 더 풍성한 삶을 영위할 수 있으며, 주변의 공동체도 큰 유익을 얻을 수 있습니다.

메리 수녀와 그들의 아름다운 죽음

여기서 우리는 호스피스에 대해서 살펴보기를 원합니다. 호스피스는 많은 사람들에게 생소한 개념일 것입니다. 예전에 SBS의 〈그것이 알고 싶다〉에서는 〈메리 수녀와 그들의 아름다운 죽음〉이라는 제목으로 호스피스 활동을 소개한 적이 있습니다.

그 프로그램에서는 한 행려병자의 죽음을 취재했습니다. 메리 수녀는 병원에서 행려병자를 치료하는 가운데 그의 생명이 얼마 남지 않았음을 직감합니다. 메리 수녀는 행려병자를 어렵게 설득하여 호스피스 사역을 위해 병원에 입원시켰고, 며칠 뒤에 그 행려병자는 호스피스 봉사들의 보살핌 가운데 세상을 떠납니다. 그 행려병자의 죽음 앞에서 메리 수녀는 더듬거리는 한국말로 말합니다.

나는 슬퍼하지 않아요. 왜냐하면 가야 되는 길이예요. 집에서 혼자 임종하시는 것보다 여기 계셔서 편하게 누구와 함께 도와 주는 분 있고, 기도하는 공동체 여기 있어서 그래서 편하게 가셨다. 우리 다 똑같은 길을 가고 있어요. 그분도 형제님들 앞에 가셨다 이렇게 생각해요. 저도 또 가야 해요.

프로그램의 마지막에는 또 다른 환자가 세상을 떠났고, 그의 모습이 담긴 사진이 '임종 중인 분들' 칸에서 '돌아가신 분들'의 자리로 옮겨집니다. 그 프로그램은 다음과 같은 사회자의 대사로 끝납니다.

메리 수녀가 25년 동안 돌보아 온 환자들은 지금 이 세상에 없습니다. 사진으로만 만날 수 있는 사람들입니다. 그들은 모두 사랑과 평화 속에서 편안하게 눈을 감았습니다. 그리고 그들이 기쁜 마음으로 함께 찍은 사진들은 메리 수녀에게는 소중한 선물로 남았습니다. 이제 다시 그들_{호스피스 봉사자들}의 새로운 날이 시작되었습니다.

호스피스란 무엇인가?

이제 우리는 호스피스에 대해서 살펴보려고 합니다. 호스피스

Hospice는 죽음의 과정을 인간화하려는 노력 가운데 태동한 움직임입니다. 죽어가는 환자에게도 편안하게 생을 마칠 권리가 있다는 깨달음이 호스피스의 출발입니다. 호스피스는 소생 가능성이 희박한 말기 환자들의 삶을 지원하기 위하여 전문적인 돌봄을 제공하는 시설, 프로그램, 또는 사역 使役 을 총칭해서 말합니다.

미국 호스피스 협회가 밝히는 호스피스 개념은 다음과 같습니다.

> 호스피스란 말기 환자와 가족을 계속적인 프로그램으로써 지지 支持 해 가는 것이다. 여러 직종의 전문가로 조직된 팀이 호스피스 목적을 위해서 행동한다. 이들의 주요 역할은 종말기에 생기는 증상 환자나 가족의 육체적, 정신적, 사회적, 종교적, 경제적 아픔 을 경감하고 지지하며 격려하는 것이다.
>
> 조유향, 호스피스, 현문사, 1994, 48-49

호스피스는 환자와 가족의 요구에 부응하는 가운데 모든 자원을 이용하여 신체적, 사회적, 심리적, 영적 요구를 충족시키면서 죽음을 준비하도록 돕습니다. 호스피스는 죽음이 삶의 자연스러운 과정임을 인식하면서 이를 바탕으로 말기 환자의 정신적, 육체적 고통을 완화시키는 것을 목적으로 삼습니다. 임종 환자로 하여금 삶의 마지막 과정을 가능한 한 평안하게 받아들이고, 자신에게 허락된 삶을 긍정적으로 받아들이며, 죽음을 삶의 자연스러운 부분으로 받아들이도록 돕는 일을 합니다.

호스피스 Hospice 는 '여행자를 위한 숙소 또는 병자를 위한 집'이란 뜻에서 유래하였습니다. 호스피스는 1815년 아일랜드의 더블린에서 채리티 수녀원의 수녀들이 거리에서 죽어 가는 가난한 환자들을 데려다가, 임종 준비를 시킨 데서 유래합니다. 1967년에 시실리 손더스에 의하여 영국 런던 교외에 세워진 성罪 크리스토퍼 호스피스가 현대적 의미에서의 호스피스의 효시가 됩니다. 그 이후에 호스피스는 세계적으로 보급되었습니다.

한국에서는 1978년에 강릉의 갈바리병원에서 호스피스 활동을 시작한 것이 최초이며, 1982년에 서울의 강남성모병원을 중심으로 본격화되어 여러 병원과 교회 계통에서 실시되고 있습니다. 1995년에는 국내 최초로 가톨릭대학교 간호대학이 세계보건기구 WHO 호스피스 협력센터로 지정되었습니다. 1987년부터 마리아의 작은 자매회 소속의 모현 호스피스가 미아리에서 함께 활동하고 있습니다. 모현 호스피스에는 호주 출신의 메리 트레이시 수녀와 권오숙 수녀 등이 함께 팀을 이루어 활동하고 있습니다.

간호사들은 병원에서 임종하기를 바라지 않았습니다

《말기 환자를 위한 호스피스》를 저술한 가시와키 데쯔오는 예전에 일본의 한 대학병원의 간호사들을 대상으로 어디에서 임종하기를 원하는가를 조사한 적이 있습니다. 그랬더니 놀랍게도 간호사들은 병원에서 임종하기를 원치 않는다고 답변하였습니다. 150명의 간호사들 가운데 병원에서 임종하기를 바란다고 대답한 간호사는 한 사람도 없었습니다. 이에 가시와키가 그 이유를 물었더니 다음과 같은 네 가지 주요 이유가 나왔습니다.

첫째, 병원에서는 너무 지나친 의료가 행해지고 있기 때문이다. 예를 들어, 암의 경우에 때로 너무 부작용이 강한 항암제를 투여하느라 환자는 극한의 고통을 체험해야 한다. 간호사들에 따르면, 너무 지나친 의료는 환자나 가족을 위한 결정이 아닐 수 있다.

둘째, 병원에서는 환자의 통증을 경감시키는데 큰 관심을 기울이지 않기 때문이다. 환자에 대한 치료 cure에 대해서 열심인 의사는 많지만, 환자의 고통을 완화시켜 주는데 관심과 돌봄 care을 기울이는 의사는 너무나 적다.

셋째, 병원에서는 정신적인 뒷받침이 결여되어 있기 때문이다. 병원에서는 질병에 대한 치료는 행해지지만, 그 질병을 앓고 있는 환자의 마음에 대한 돌봄은 적다. 말기 환자는 신체적 증상의 완화뿐만 아니라 정신적인 뒷받침을 필요로 한다.

넷째, 병원에서는 의료적 노력이 패턴화되어 있다. 인생을 총결산하는 마지막 순간에서는 그 사람의 사람다움이 존중되는 치유와 돌봄이 필요함에도 불구하고, 대부분의 경우에 환자의 개성을 무시한 채 패턴화된 의료가 행해지고 있다.

대학병원의 간호사들이 지적한 위의 네 가지 이유는 전통적 의료 행위를 넘어서서 호스피스가 등장하게 된 이유이기도 합니다. 이러한 측면에서 다시 정리해 보자면, 호스피스는 생명의 양量만을 무모하게 연장시키려는 지나친 의료 행위를 반성하는 가운데, 환자의 고통을 경감해 주면서, 하나의 독립된 인격체인 환자에 대한 정신적 뒷받침을 중시하며, 환자의 개별적 소원과 특성에 민감한 가운데 돌봄을 제공하는 것입니다.

치료 cure 와 돌봄 care 의 차이

여기서 말기 환자를 향한 전통적 치료 cure 와 호스피스 돌봄 care을 대조해 볼 필요가 있습니다. 전통적 의술을 넘어선 호스피스의 등장은 두 개의 영어 단어를 통해서 설명될 수 있습니다. 전통적으로 의사들이 가장 큰 관심을 기울였던 행동은 '치료' cure였으며, 의료 교육의 주요 목표도 치료하는 의사를 만드는 것이었습니다. 질병에 걸린 사람들을 치유하여 건강하게 하는 것이 의료 행위의 목적이었습니다. 의사의 치료가 잘 진행되지 않아서 환자가 죽게 되었을 경우에 의사들은 이를 자신의 실패라고 생각하였습니다.

치료의 시각에서 볼 때 의사와 환자의 관계는 강자와 약자의 관계입니다. 의사는 고쳐 주는 존재로서 일방적인 치료를 베푸는 사람입니다. 투약投藥이나 시술施術과 같은 용어에서 보이듯이 의사는 높은 곳에서 낮은 곳으로 약을 던져 주거나 기술을 베풀어 주는 사람의 위치에 서게 됩니다.

치료의 시각에서 의사는 환자를 개별적으로 다루지 못합니다. 그저 어떤 유형의 병을 가진 환자로 유형화^{패턴화} 해서 다룰 뿐입니다. 이 때 환자의 개별적 인격은 무시될 수밖에 없습니다. 환자의 고유한 가치관과 인생관은 중요한 변수가 될 수 없는 것입니다.

그런데 환자의 질병 가운데는 치료될 수 없는 병들도 많이 등장하게 되었습니다. 말기 환자들이 당하는 정신적 고통은 자신의 존재가 인격체가 아니라 하나의 물체처럼 취급된다는 것입니다. 이때 새롭게 등장한 개념이 '돌봄'^{care}입니다. 돌봄이란 치료 여부를 넘어서서 환자와 인격적인 접촉을 하는 것입니다. 환자를 단지 치료되어야 할 대상으로 보는 것이 아니라 삶의 마지막 출구를 걸어가는 인격체로서 간주하는 것입니다.

호스피스 활동의 약속: 고통의 경감과 고독 가운데 동행

호스피스 사역자들은 말기 환자에게 두 가지를 약속합니다. 첫째, 호스피스는 고통을 경감시켜 줄 것을 약속합니다. 통증의 조절은 호스피스가 가장 중시하는 사역 가운데 하나입니다. 말기 암환자들이 느끼는 통증은 상상을 초월할 정도로 큽니다. 임종환자들의 고통을 덜어주는 것이 호스피스의 중요한 임무입니다. 적지 않은 경우에 말기 환자들이 진실로 두려워 하는 것은 죽음이 아니라 죽음에 수반되는 고통입니다.

통증의 경감에 있어서, 호스피스 봉사자는 환자의 병만을 보는 것이 아니라 병을 가진 한 인격을 보게 됩니다. 그 인격을 바라보게 될 때 몸의 아픔뿐만 아니라 마음의 아픔, 사회적인 아픔, 영적인 아픔에도 돌봄의 손길이 미칠 수 있습니다.

둘째, 호스피스는 인생의 마지막 고독의 순간에 함께 있어 줄 것을 약속합니다. 말기 환자들이 당하는 또 하나의 고통은 혼자 버려진 다는 고통입니다. 말기 환자는 죽는 마지막 순간까지 아낌을 받는 존재가 되기를 원합니다. 죽음이라는 미지의 세계로 갈 때 사랑하는 사람들이 가까이 있어 주는 것은 말기 환자를 향한 큰 돌봄입니다. 마지막 순간에 같이 있어 주는 것만으로도 환자에게 크나큰 위로가 될 수 있습니다.

정신적 지원으로써 가장 중요한 것은 환자의 말에 귀를 기울이면서 그의 마음을 들어주는 것입니다. 때로 아무 말도 나누지 못할 때도 있습니다. 그때에도 호스피스 봉사자는 환자와 함께 같은 시간과 장소를 공유하면서, 그와 함께 있어 줍니다. 호스피스 사역자들의 돌봄을 체험한 한 환자는 다음과 같이 고백합니다.

> 선생님들의 애정과 진지함에 저의 불안은 모두 사라져 버렸습니다. 저의 완쾌를 위하여 기도하는 많은 분들의 따뜻한 지원의 손길이 정말 고맙게 생각됩니다. 그리고 보면 저처럼 행복한 사람이 없습니다. 감사할 뿐입니다. 황송한 마음으로 가슴이 벅찹니다. 죽게 된다 하더라도 아쉬울 것이 없습니다. '주님 뜻대로 이루어 주옵소서'라는, 생사를 초월한 평안과 신뢰가 내 안에 있습니다. 모든 분들께 감사를 드립니다.
>
> 가시와키 데쯔오, 박수길 옮김, 말기 환자를 위한 호스피스, 오상출판사, 30

죽음이란 인간이 인간으로서의 마지막 단계를 밟는 가운데 인생을 마무리하는 과정입니다. '돌봄'에 있어서 환자와 호스피스 사이의 관계는 일방적이지 않습니다. 환자는 호스피스 봉사자를 통해서 인생의 마지막 단계에 소중한 지원을 받으며, 호스피스 봉사자는 환자의 말과 행동 속에서 인생의 소중함을 배웁니다. 이 두 사람 사이의 관계는 상호적 관계입니다.

실제로 말기 환자를 접할 때 우리는 일방적 '치료'를 넘어서 서로 '돌봄'의 중요성을 발견하게 됩니다. 많은 인생 경험을 가진 사람의 마지막 임종 순간을 접할 때 우리는 한 인간이 죽음을 맞이하면서 가꾸어내는 생명의 아름다움을 목도하게 됩니다. 때로 죽음의 침상에서 오히려 호스피스 봉사자에게 위로와 격려의 말을 건네주는 환자도 있습니다.

우리는 돌보는 사람이 오히려 돌봄을 받는 관계 속에 들어가는 것을 종종 발견하게 됩니다. 메리 수녀는 자기가 환자들에게 베푸는 것이 아니라 받는 것이 더 많다고 하였습니다. 메리 수녀에 따르면, 죽음을 눈앞에 둔 환자들이 두려움과 분노, 그리고 절망을 극복하고 가족과 화해한 다음에 사랑과 평화 속에서 눈 감는 것을 보는 것은 아름다운 기적을 보는 일이라고 했습니다. 호스피스 활동에 참여했던 한 자원봉사자는 이렇게 말합니다. "환자의 도움이 되는 것이 내 삶의 보람입니다. 나는 환자에 의해 살아지고 있습니다." 가시와키 데쯔오, 박수길 옮김, 말기 환자를 위한 호스피스, 오상출판사, 169

호스피스 활동 속에서 우리는 인간의 삶을 총결산하는 삶의 마지막 현장 속에 함께 참여하는 것이며, 동시에 인생을 서로 지탱하고 돌보는 것입니다. 호스피스란, 후에 죽는 사람이 먼저 죽어가는 사람을 받쳐 주고 지탱해 주는 것입니다. 사실 죽음이란 인간이 혼자서 지기에는 너무도 무겁고 벅찬 짐입니다.

슬픔의 건강한 표현이 필요합니다

이제 죽음이 지나가고 나면 사별의 상처와 이별의 눈물이 남겨집니다. 사랑하는 사람은 죽음의 사건을 통해서 결국 우리로부터 멀어져 갑니다. 사랑하는 사람과의 사별은 우리의 삶에 지울 수 없는 상처를 남기고 떠나갑니다. 샤를르 몽삭은《사랑은 스스로 지치지 않는다》라는 글에서 아내를 잃은 사별의 슬픔을 다음과 같이 토로합니다.

> 당신을 잃고 얼마나 울었는지! 몇 날 몇 밤을 그렇게 보냈는지 모르겠소. 추억이 담긴 사진 한 장, 친구들이 보내온 편지 한 통에도 끝내 참아 내지 못하고 눈물이 쏟아지는 것이었소. 아무리 사랑하는 이를 잃었다고 해도, 그렇게 슬프게 눈물을 흘리게 되리라고는 미처 생각하지 못했었소.
>
> 샤를르 몽삭, 정미애 옮김, 사랑은 스스로 지치지 않는다, 홍성사, 263

죽음 교육에 있어서 필요한 것은 슬픔과 눈물에 대해서 배우는 것입니다. 데켄 교수에 따르면, 슬픔 교육이 올바로 행해질 때 예방의학의 역할을 할 수 있습니다. 슬픔에 대한 대응이 미진할 때 인간 신체에 있어서 저항력이 현저하게 약화된다고 합니다. 따라서 과도한 슬픔 가운데 빠진 사람들은 암과 심장병 등의 질병에 걸릴 확률이 높습니다.

슬픔의 사건을 겪을 때 사람은 눈물을 흘립니다. 슬픔을 겪을 때 사람은 마음에 강물이 흐르듯이 눈물을 흘립니다. 이 눈물은 우리의 삶에서 정화淨化의 역할을 합니다. 슬픔을 비롯한 감정의 적절한 표출은 대단히 중요합니다. 감정을 과도하게 억압할 때 우리의 감정은 속으로 곪게 되거나 아니면 급작스럽게 폭발할 수 있습니다.

사고로 자녀를 떠나보낸 사람들 가운데 일평생 자녀를 그리워하면서 인생을 허비하는 사람들이 있습니다. 사고로 자녀를 잃은 어떤 사람은 자녀의 유품만을 어루만지며 살아갑니다. 어떤 사람은 매일 아들의 무덤에 찾아감으로써 인생을 슬픔 가운데 담궈둡니다. 사랑하는 사람이 사라지자 내게 남는 것은 무한대로 확장된 시간과 텅빈 공허감입니다. 루이스는 아내를 잃고 난 후의 공허함을 다음과 같이 표현합니다. "지금까지 나는 항상 시간이 너무 부족했었는데, 이제 나에게는 시간 이외에는 아무것도 없다. 거의 순수한 시간이요, 공허의 연속이다." 루이스, 헤아려 본 슬픔, 성바오로출판사, 1990, 40

지나친 애통은 사랑의 대상으로 부터 우리를 차단시킵니다

하지만 우리는 죽은 이와의 감정적 연결을 넘어설 수 있어야 합니다. 사별을 경험한 가운데 죽은 이와의 연결 고리를 끊지 못하게 될 때 슬픔은 오히려 병적으로 진전될 수도 있습니다. 과도한 슬픔은 사랑하는 사람과의 연결로 이어지기보다는 오히려 사랑하는 그 사람과의 단절을 낳을 수도 있습니다. 이는 과도한 슬픔 가운데 우가 격려감과 고립감에 빠지기 때문입니다.

루이스는 아내를 사별한 뒤에 써내려간 글인 《헤아려 본 슬픔》에서 과도한 슬픔이 낳는 문제를 날카롭게 지적하고 있습니다.

> 내가 발견한 바에 따르면 지나친 애통은 우리를 죽은 이와 연결시키지 못하고 오히려 그로부터 우리를 차단시킨다. 확실히 그렇다. 가령 아침 목욕을 하러 들어가는 때처럼, 슬픔 같은 것은 전혀 생각지도 않은 때에 죽은 아내가 내 마음 속으로 생생하게 뛰어든다. 내가 가장 괴롭던 시절에 보았던 처참한 아내의 모습으로서가 아니라 건강하고 훌륭하게 보였던 아내의 모습으로서이다. 이것은 나에게 활력이 되는 좋은 현상이다.
>
> 루이스, 헤아려 본 슬픔

석양의 아름다움은 곧 사라집니다

슬픔을 건강하게 극복하기 위해서 우리는 자신의 상처에서 눈을 떼는 법을 배워야 합니다. 이제 우리는 시간적 대상을 넘어서 시간을 따라 흘러오는 영원을 바라보아야 합니다. 시간의 상실이 영원의 회복으로 연결될 때, 사별은 인격이 성장하는 계기가 될 수 있습니다.

사별 속에서 우리가 체험하는 슬픔은 결국 시간적 대상을 넘어서서 영원한 대상을 향한 사랑으로 승화되어야 합니다. 우리가 사랑하는 시간적 대상들은 모두가 사라질 운명 속에 있는 것입니다.

그 대상이 누구이든 간에, 우리가 유한한 대상 속에 우리의 사랑을 고정시킨다면 우리는 석양의 아름다움을 사랑하는 사람과 비슷할 것입니다. 석양의 아름다움은 물론 황홀합니다. 하지만 그 아름다움은 이제 곧 사라질 아름다움입니다. 이제 곧 해가 서산 너머로 넘어갈 것이며, 그때는 그 존재와 함께 아름다움도 흔적도 없이 사라질 것입니다.

상대방은 사별을 통해서 사라질 것이며, 사라질 수밖에 없습니다. 우리는 이 사실을 인정하고 받아들여야 합니다. 그러므로 우리의 사랑의 참된 대상은 유한한 존재들이 아닙니다. 우리는 우리의 사랑을 위해서도 유한한 존재를 사랑하되, 무한한 존재를 향한 사랑 안에서 유한한 대상을 사랑해야 합니다.

신앙적으로 표현하자면, 하나님 안에 머물지 않는 사랑은 결국 사라지게 됩니다. 우리의 사랑이 영원한 것 같아도 그것은 결국 일시적 사랑이며 사라질 사랑일 수밖에 없습니다. 이는 사랑을 하는 우리의 존재가 유한하기 때문입니다. 우리의 사랑이 영원하기 위해서 우리의 사랑은 영원한 사랑에 연결되어야 합니다. 그러므로 어거스틴은 《고백록》의 유명한 구절에서 다음과 같이 말합니다.

세상 사물들이 너를 즐겁게 하면 그것으로 인해 너의 사랑을 창조주에게 향하도록 하여라. 만일 사람들이 너를 즐겁게 하면 하나님 안에서 그들을 사랑하라. 왜냐하면 그들이 하나님 안에 강

하게 머물러 있지 않으면 변해 버리고 말며 그분 없이는 그들은
사라져 없어지고 말기 때문이다.

어거스틴, 고백록, 4권 12장 18절, 죽음책, 102

사별 속에서 경험하는 상실喪失과 허무虛無는 우리로 하여금 죽
음을 넘어서 존재하는 영생과 부활의 문제에 대해서 관심을 갖도록
만듭니다.

죽음과
인생

영원한 생명:
죽음 이후의 문제

이제 우리는 사후 세계에 대한 문제를 고찰하게 됩니다. 사후 세계의 고찰에 있어서 우리는 세 가지 방법론적 지침을 가지게 됩니다.

첫째, 우리는 사후 세계의 상상에 있어서 문자주의적 오류에 빠질 필요가 없습니다.

둘째, 우리는 마지막에 대한 상상에 있어서 성급한 종말론의 오류에 빠져서도 안됩니다.

셋째, 우리는 우리는 복음적 시각에서 죽음과 사후 생명의 문제를 다루어야 할 것입니다.

문자주의적 오류와 성급한 종말론의 오류를 주의해야 합니다

먼저, 우리는 사후 세계의 상상에 있어서 문자주의적 오류에 빠질 필요가 없습니다. 기독교의 사후 세계에 대해서 어떤 사람들은 "나는 영원토록 노래나 하는 천국에는 지루해서 안 가겠다!"거나 또는 "금으로 만들어진 거리는 발만 까지게 만들 것이다!"라고 말하는 사람들이 있습니다. 우리는 이 주장들로 인하여 고민할 필요가 없습니다. 사실상 노래나 금과 같은 성경의 표상들은 모두가 표현될 수 없는 것들 the inexpressible 을 표현하기 위하여 만들어진 상징들이기 때문입니다.

하늘나라의 기쁨을 언급함에 있어서 많은 경우에 노래^{찬양}가 언급됩니다. 이는 현세에서 알려진 것들 가운데 음악이 무한성을 가장 잘 표현하기 때문입니다. 또는 천국의 묘사에 있어서 금이나 보석이 언급되는 것은 천국의 영속성을 표현하기 위함입니다. 우리는 상징이 전개하는 의미를 파악해야 할 것입니다. 만일 우리가 성서의 상징들을 문자 그대로 이해한다면 우리는 그리스도께서 비둘기처럼 순결하라고 하신 말씀을 들으면서 알을 어떻게 낳아야 하나를 고민하게 될 것입니다.

둘째, 우리는 성급한 종말론의 오류 the fallacy of hasty eschatology에 빠져서는 곤란합니다. 아직 종말이 오지 않았음에도 불구하고 마치 모든 것을 다 아는 듯이 주장하는 것은 성급한 종말론의 오류에 빠지는 것입니다. 우리가 지금 알고 있는 것들 가운데 종말이 왔을 때 잘못된 지식으로 판명될 것들이 분명히 있을 것입니다. 아직 세상의 종말이 온 것이 아니기에 우리의 지식은 아직 불완전합니다.

복음은 율법이나 철학과 대비되는 개념입니다

이러한 상황 가운데 있을 때 우리의 전략은 소박한 전략이어야 합니다. 우리는 먼저 분명한 사실부터 먼저 생각하고 증언합니다. 하늘나라에 가서도 틀릴 가능성이 거의 없는 내용부터 먼저 주장하고 가르칩니다. 우리는 하나님 앞에서 분명한 사실, 곧 예수 그리스도 안에 계시된 하나님은 복음福音의 하나님이라는 시각에서 우리의 종말론을 전개합니다.

그러므로 이러한 통찰은 세 번째 지침, 곧 복음적 시각에서의 종말 이해를 낳습니다. 우리는 복음적 시각에서 죽음과 영생의 문제를 다룹니다. 복음福音이란, 하나님께서 우리 인간에게 펼치신 놀라운 사건에 대한 좋은 소식을 의미합니다. 복음은 율법이나 철학과 대비되는 개념입니다.

사랑의 예를 들어 보겠습니다. "네가 남들로부터 사랑을 받고 싶으면 너도 사랑하라"고 말한다면 이것은 율법 law입니다. 반면에 "사랑이란 인생에서 가장 아름다운 것이다"라고 말한다면 이것은 철학 philosophy이며 지혜 wisdom입니다. 그러나 "모든 사람이 당신을 버렸을지라도, 하나님께서 그리스도 안에서 당신을 사랑하셨다. 이 사랑에 응답하라"고 말한다면 이것은 복음 gospel입니다.

우리는 죽음에 있어서도 복음적 시각을 펼칩니다. "네가 죽기 싫으면 다른 사람들을 죽이지 말라"고 말한다면 이것은 율법입니다. "모든 인간은 죽기 마련이다"라고 말하면서 죽음을 차분하게 기다린다면 이것은 철학이며 지혜입니다.

하지만 "예수 그리스도께서 당신을 위하여 사망 권세를 이기시고 부활의 사건을 통하여 영원한 생명을 허락하셨다"고 말한다면 이것은 복음입니다. 그리스도인들은 이러한 복음의 시각에서 우리의 죽음을 받아들이는 사람들입니다.

죽음을 인정하는 사람들 가운데 두 부류가 있습니다

우리는 앞에서 죽음을 인정하고 준비하는 것이 지혜로운 삶의 자세임을 살펴보았습니다. 그런데 이생의 지혜 가운데 죽음을 받아들이는 사람들 중에는 두 부류가 있습니다.

첫째는 죽음을 모든 것의 마지막이라고 생각하는 사람들입니다. 이들은 죽음을 받아들임에 있어서 지혜롭지만, 죽음을 생의 마지막으로 보는 점에서 허무주의나 쾌락주의로 흐르게 됩니다. 그저 죽게 될 인생이니 삶은 허무하다고 생각하는 사람들이 되거나 아니면 어차피 죽음으로 끝나게 될 인생이니 젊어서 놀다가 가자고 생각하게 됩니다.

이에 반하여 두 번째는 죽음 뒤에 오는 영생의 부활을 바라보는 사람들입니다. 죽음 이후를 바라보는 사람들은 죽음을 단절이 아니라 변화의 과정으로 바라봅니다. 특히 신앙 가운데 예수 그리스도와 연합할 때 우리는 죽음이 우리의 일시적 생명에서 영원한 생명으로 이르는 변화를 체험하는 계기가 된다고 믿습니다.

죽음 이후에 모든 것은 끝나는가? 아니면 새로운 생명이 있는가?

사후 생명과 관련하여 기독교에서 가장 강조하는 것은 부활입니다. 이제 우리의 시간적 생명이 다하고 죽음의 사건을 맞이할 때 인생의 모든 것은 그 마지막을 고하게 됩니다.

죽음은 우리가 쌓아 왔던 모든 것을 무無로 돌립니다. 우리의 소유에 치명타를 입히며, 우리가 그동안 맺었던 모든 관계들도 무無로 돌려놓습니다. 죽음 앞에서 우리는 철저하게 고독한 존재가 됩니다. 하지만 사실상 죽음 앞에서는 고독도 사치입니다. 왜냐하면 이제 고독을 느끼는 존재조차 더 이상 존재하지 못하기 때문입니다.

이때 시간적 생명의 종언終焉, 곧 죽음의 문제는 우리로 하여금 영원한 생명의 문제에 주목하게 만듭니다. 우리에게 부여된 일시적 생명이 끝나면서 이제 우리는 죽음에 직면합니다. 이제 우리 앞에 놓인 문제는 '죽음 이후에 모든 것은 끝나는가? 아니면 죽음 이후에 새로운 생명이 있을 것인가?'의 문제입니다. 그리스도인들은 일시적 생명이 끝나는 죽음 이후에 영원한 삶의 충만한 실현이 있다고 믿습니다.

영원한 삶은 부활과 하나님 나라의 참여를 통해서 완성됩니다

우리가 주장하는 영원한 삶은 예수 그리스도의 부활 사건으로 시작하여 신자들의 영혼의 부활을 거쳐서 역사의 마지막에 영원한 삶의 충만한 실현을 통해서 완성될 것입니다.

우리가 기대하고 희망하는 영원한 삶은 예수 그리스도의 부활을 기초로 하여 얻어지는 것입니다. 예수 그리스도께서 사망 권세를 이기고 영원한 삶을 회복하셨기에 우리에게는 영원한 삶을 위한 초석이 놓아진 것입니다. 이때 예수 그리스도의 부활이란 일시적 생명이 영원한 생명으로 변화된 것을 뜻합니다.

예수 그리스도 안에서 그 기초가 놓아진 영원한 삶은 믿음을 통하여 예수 그리스도를 받아들이는 사람들 가운데 영혼의 거듭남을 낳습니다. 예수 그리스도를 믿는 사람들은 예수 그리스도를 영접함으로써 영혼의 부활을 체험합니다. 이때 주어지는 영원한 삶은 역사의 마지막까지 유보되는 것이 아니라 즉각적으로 주어지는 것입니다.

예수께서 자신을 믿는 자들에게 다음과 같이 말씀하셨을 때 그 영생이란 신자의 영혼이 즉각적으로 체험하는 생명을 뜻하는 것입니다.

> "내가 진실로 진실로 너희에게 이르노니 내 말을 듣고 또 나 보내신 이를 믿는 자는 영생을 얻었고 심판에 이르지 아니하나니 사망에서 생명으로 옮겼느니라" 요 5:24

여기서 언급되는 시제時制는 막연한 미래가 아니라 이미 성취된 분명한 현재입니다.

이제 예수 그리스도의 부활 사건 속에서 시작되었고 믿음의 영혼들을 통하여 퍼져나가는 영원한 생명은 우주와 역사의 종말에 충만하게 실현될 것입니다. 이 생명은 역사의 마지막에 하나님의 나라 가운데 그 완전한 모습을 이루게 될 것입니다. 성경의 증언에 따르면, 이때의 부활은 죽음 자체가 죽음을 당하는 놀라운 사건이 될 것입니다.

영원한 생명은 죽음의 사건을 통해서 찾아오는 것입니다

영원한 생명을 바라는 것은 죽음을 회피하는 것이 아닙니다. 우리는 일시적 죽음을 피하기 위하여 영원한 생명을 믿는 것이 아닙니다. 성경이 말하는 영원한 삶이란 장수長壽, 곧 죽지 않고 오래 사는 것이 아닙니다. 영생이란 이 땅에서 죽지 않고 영원토록 시간적 생명을 연장시키는 것이 아닙니다.

예수 그리스도의 부활을 통하여 허락된 영원한 생명은 죽음의 사건을 통해서 찾아오는 것입니다. 영원한 생명을 선포하는 기독교는 죽음을 부인하지 않습니다. 이는 예수 그리스도 자신의 경우에도 마찬가지였습니다. 예수 그리스도의 부활 이전에 십자가의 죽음이 있었음을 우리는 잘 알고 있습니다. 영원한 생명이란 옛 사람의 완전한 죽음으로부터 시작해 영혼의 거듭남을 거쳐서 하나님에 의하여 새롭게 창조된 새 하늘과 새 땅에 펼쳐지는 하나님의 나라에 이르는 것입니다.

영생과 부활에 대한 증거는 죽음 앞에서의 자세를 통해서 얻어집니다

여기서 우리는 영생과 부활의 가능성에 대해서 합리적인 논증을 시도하지 않습니다. 단지 예수 그리스도의 부활을 증거하고 증언할 뿐입니다. 부활에 대한 가장 강력한 증거는 합리적 설명에서 얻어지는 것이 아니라 죽음 앞에서의 자세를 통해서 얻어지기 때문입니다. 우리가 예수 그리스도의 부활을 통해서 주어지는 영원한 생명을 알 때 우리는 죽음 앞에서 자유로울 수 있습니다.

미래의 생명을 위하여 죽을 수 있는 것은 생명의 능력에 속한 것입니다. 우리는 이 진리를 자연에서 찾아볼 수 있습니다. 예전에 늦가을 무렵에 학교를 산책하고 있었습니다. 학교 교정에는 나무로부터 생명을 다한 낙엽들이 널려 있었습니다. 떨어진 낙엽들을 밟으며 저는 낙엽의 아름다움을 다시 한 번 감상하고 있었습니다. 그런데 어떤 나뭇가지 끝에는 아직 떨어지지 않은 잎사귀들이 있었습니다. 처음에 저는 생명의 강인함에 대해서 감탄했습니다. '야, 저 나뭇잎은 참 생명력이 끈질기구나.'

처음에는 별 생각 없이 보았으나 후에 다시 보니, 가지에 붙어 있는 잎사귀들은 하나같이 메말라서 비틀어진 모습이었습니다. 특히 아직 떨어지지 않은 나뭇잎들이 모여 있는 가지는 예외없이 원줄기로부터 꺾여진 모습이었습니다. 저는 궁금함을 이기지 못하고 원예학과 교수님을 붙들고 물음을 던졌습니다. "아직까지 나무에 붙어 있는 나뭇잎은 혹시 다 죽은 것이 아닙니까?"

제가 그 사실을 발견한 것에 대해서 대견해하면서 그 교수님은 제게 그 원리를 설명해 주셨습니다. 그 교수님의 답변에 따르면, 나무는 살아 있는 동안에 나뭇잎에 어떤 각질층 매듭을 짓게 한다는 것입니다. 나뭇가지에 어떤 매듭이 생기면 나무가지와 나뭇잎은 서로 연결되어 있지만 바람이 불면 쉽게 떨어질 수 있는 형태로 바뀐다는 것입니다. 그런 모습으로 준비하고 있다가 선선한 늦가을 바람이 불면 나뭇잎들은 나뭇가지로부터 떨어지면서 자신의 삶을 완결한다는 것입니다.

저는 그 설명을 들으면서 죽을 수 있는 것도 능력임을 새롭게 깨달을 수 있었습니다. 생명을 잃어버린 나뭇잎은 떨어지지 못합니다. 나뭇잎이 살아 있기에 그 마디에 각질층 매듭이 생기는 것이며, 그 매듭으로 인하여 나뭇잎은 바람이 불 때 쉽게 떨어지는 것입니다. 나뭇가지를 통해서 양분이 흐르지 못하면 나뭇잎은 매듭을 지을 수 없는

111

것입니다. 결국 그 나뭇잎은 추한 모습 가운데 이전 그대로 있고 떨어지지 못하는 것입니다.

현재의 부패한 모습을 죽이는 것이 생명의 능력에 속하는 것임을 저는 깨달을 수 있었습니다. 죽음으로써 생명을 얻게 되는 생명의 원리가 나무들 속에서 작용하고 있음을 다시 깨닫게 된 것입니다. "내가 진실로 진실로 너희에게 이르노니 한 알의 밀이 땅에 떨어져 죽지 아니하면 한 알 그대로 있고 죽으면 많은 열매를 맺느니라"요 12:24 .

이것이 마지막입니다. 그러나 나에게는 생명의 시작입니다

예수 그리스도의 생명과 부활에 대한 증언과 관련하여 가장 인상적인 사람은 독일의 목사였던 디트리히 본회퍼입니다. 그의 묘비명에는 '예수 그리스도의 참된 증인'이라는 구절이 포함되어 있습니다. 경건한 목사였으며 동시에 촉망받던 신학자였던 본회퍼는 나치 치하에서 히틀러 암살 작전에 가담했다가 그 음모가 폭로되어 교수형에 처해집니다.

연합군이 플로센베르크에 진주하기 한 달 전에 세상을 떠났던 본회퍼의 마지막 모습은 영원한 생명을 바라보며 이 현재적 생명을 마무리했던 사람의 전형을 보여 줍니다. 본회퍼와 같은 감옥에 있었던 영국군 정보장교 페인 베스트는 본회퍼의 마지막 모습을 다음과 같이 묘사하고 있습니다.

본회퍼는 짤막한 예배를 인도하였고, 우리 모두의 마음에 와 닿는 방식으로 말씀을 전했다. … 그가 마지막 기도를 마치자마자 문이 열렸고, 사복을 입은 인상이 나쁜 두 사람이 들어와서 말했다: "죄수 본회퍼! 우리와 가도록 준비하라."

이 말은 거기에 있던 모든 죄수들에게는 한 가지만을 의미했는데, 그것은 교수형을 뜻했다. 우리는 그에게 마지막 인사를 했다. 그때 그는 나를 끌어 당기며 말했다: "이것이 마지막입니다. 그러나 나에게는 생명의 시작입니다."

Godsey, *The Theology of Dietrich Bonhoeffer*, 202

본회퍼는 자신이 감옥에서 지었던 여러 편의 시를 통해서 죽음 앞에서 빛나는 영원한 삶을 증언하고 있습니다. 본회퍼의 신학을 연구했던 신학자 존 갓세이의 표현을 빌면, 본회퍼에게 있어서 가장 매력적인 점은 그의 삶과 죽음이 그의 신학에 대한 주석을 제공하고 있다는 점입니다.

본회퍼는 감옥에 있는 동안 "자유를 향한 도상"디트리히 본회퍼, 옥중서간, 대한기독교서회, 1995, 231-232에서라는 시를 통해서 죽음 앞에서의 자세를 보여 줍니다. 이 시는 히틀러 암살 작전이 실패했다는 소식을 들었을 때, 곧 자신이 잡혀서 처형될 것임을 직감했을 때 그 초안草案을 잡았던 시입니다.

본회퍼: 自由를 향한 途上에서 1944년 7월 21일

자기 – 훈련

그대가 자유曲를 찾아가려거든, 무엇보다도 먼저

그대의 감각과 영혼을 다스리기를 배우라.

그대의 욕망과 지체가 그대를 이리저리로 끌고다니지 않도록

그대의 정신과 육신을 깨끗케하고, 그것들이

그대에게 정해진 목표만을 따라 순종하며 섬기게 하라.

오직 자기를 다스림에 의하지 않고는

자유의 비밀을 맛본 이는 없나니.

행동

순간의 변덕에 좌우되지 말고, 옳은 것을 행하라.

그럴 법한 것에 좌우되지 말고, 참된 것을 굳건히 붙잡으라.

자유曲는 생각의 날아다님이 아니라

오직 행동 가운데 있나니.

하나님의 명령은 분명하고 그분을 향한 믿음이 그대를 붙드리니

그대의 마음을 정하고 삶의 흐름 가운데로 나오라.

그리하면 마침내 큰 기쁨 가운데

자유가 그대의 영혼을 맞이하리니.

고난

놀라운 변화! 강하고 힘찬 손이 너에게 매어져 있다.

무력과 고독에서 너는 네 행위의 결말을 본다.

그러나 안심하고 고요히

강한 손에 너의 의를 맡기고 홀로 기뻐하리라.

오직 순간에 자유自由를 맛보는 축복을 받아

그것을 하나님께 맡기면,

하나님께서 영광 중에 자유를 성취하리.

죽음

이제 오라,

영원한 자유를 향한 도상途上에 펼쳐진 최고의 향연饗宴이여.

죽음은 사슬을 부수며, 우리를 억압하던 벽을 무너뜨린다.

어리둥절한 우리의 영혼과 우리의 무상한 육신,

이제 마침내 우리는 여기에서

우리에게 허락되지 않았던 그 빛을 보나니.

자유여, 우리는 훈련과 행동과 고난 가운데서

너를 오래도록 찾았나니

이제 우리가 죽으매, 우리는 너를 보며

마침내 얼굴과 얼굴을 맞대고 너를 아나니.

우리의 인생에 의해서 부활이 설명되거나 논증될 수는 없습니다. 부활 사건은 우리의 인생보다 큰 것이기 때문에 우리 인생의 어떤 사건이나 주장에 의하여 논증될 수도 없으며 부정될 수도 없는 것입니다. 단지 우리가 주장하는 것은 부활 사건에 의하여 우리 인생의 빛이 밝혀지며 그 해답이 얻어진다는 것입니다.

마음껏 움직일 수 있고 환한 빛이 비치는 곳이 반드시 있을 거야

우리가 영생에 대한 합리적 설명을 시도하지 않는다고 하여 영원한 생명을 믿는 것이 비합리적임을 의미하는 것은 아닙니다. 우리는 영원한 생명을 향한 입구로써의 죽음에 대한 비유比喩를 생각해 볼수 있습니다. 《죽음, 가장 큰 선물》을 쓴 헨리 나우웬은 자신의 책에서 '어머니의 자궁 안에서 대화하는 이란성 쌍둥이의 이야기'를 우리에게 들려줍니다.

> 최근에 한 친구가 어머니의 자궁 안에서 대화하는 이란성 쌍둥이의 이야기를 들려주었습니다. 여동생이 오빠에게 말했습니다.
> "난 말이지, 태어난 후에도 삶이 있다고 믿어."
> 오빠는 격렬하게 반대했습니다.
> "절대 그렇지 않아. 여기가 전부라니까. 여긴 어두워도 따뜻하지. 또 우리를 먹여 주고 살려 주는 탯줄만 잘 붙들고 있으면 딴일을 할 필요도 없다구."
> 여동생도 굽히지 않았습니다.
> "이 캄캄한 곳보다 더 좋은 곳이 있을 거야. 어딘가 다른 곳 말이야. 마음껏 움직일 수 있고 환한 빛이 비치는 곳이 반드시 있을거야."
> 그렇지만 여동생은 쌍둥이 오빠를 설득시킬 수 없었습니다. 잠

시 침묵이 흐른 뒤, 여동생이 재빠르게 말했습니다.

"말해 줄 게 또 있어. 오빠는 안 믿겠지만 말이야, 난 엄마가 있다고 생각해."

쌍둥이 오빠는 무척 화가 났습니다.

"엄마라구?"

그는 소리를 꽥 질렀습니다.

"무슨 뚱딴지 같은 소리야? 난 엄마를 한 번도 본 적이 없어. 너도 그렇구. 어떤 놈이 그런 생각을 자꾸 불어넣는거야? 내가 말했잖아. 여기가 전부라니까. 왜 늘 그 이상을 바라는 거야? 이곳도 알고 보면 그렇게 나쁜 곳은 아니야. 우리에게 필요한 게 다 있으니까. 그러니까 여기에 만족하도록 해."

헨리 나우웬, 홍석현 옮김, 죽음, 가장 큰 선물, 홍성사, 41-42

구름을 타고 있는데 어떻게 안 떨어져요?

이러한 비유를 생각하면서, 우리는 죽음이 하나님의 얼굴을 맞대고 볼 수 있는 곳으로 데려다 주는 관문이라는 사실을 그려 볼 수 있습니다. 그런데 우리는 영원한 삶이 펼쳐지는 천국의 모습을 구체적으로 그려 볼 수 있을까요?

간혹 천국을 보고 왔다고 증언하는 사람들이 있으나 그들의 증언을 100퍼센트 믿기에는 어려움이 있습니다. 꿈속에서 하늘나라를 본 사람들도 있습니다. 우리는 그들의 주장을 모두 부인해야 할까요? 아마 우리는 이렇게 말할 수 있을 것입니다. 그들의 체험은 진실할는지 모르나 그들의 해석과 그에 따른 주장은 과장된 것이라고. 왜냐하면 천국을 보았다는 사람들은 부활 생명의 터가 되는 공간이 현재의 공간과 동일하다는 전제 속에서 자신들의 의견을 펼치기 때문입니다.

예전에 아이와 경기도의 한 수련원에 다녀온 적이 있습니다. 그 수련원의 벽면에는 구름을 타고 오시는 예수 그리스도의 모습이 그려져 있었습니다. 그것을 본 아이가 제게 물었습니다. "아빠, 구름을 타고 있는데 어떻게 안 떨어져요?" 사실 아이의 질문은 타당한 질문입니다.

우리가 구름 위에 올라가면 떨어질 수밖에 없습니다. 지상에서 보이면 폭신하게 보여서 우리를 태워줄 것 같은 구름이지만 비행기를 타고 날면 그것이 우리를 지탱해 줄 수 있는 물체가 아님을 쉽게 알게 됩니다. 그렇다면 사후 세계, 또는 성서에서 말하는 예수 그리스도의 재림은 모두 사실이 아닐까요?

그렇지 않습니다. 여기서 구름을 타고 오시는 그리스도의 모습이 의미하는 것은 분명합니다. 그것은 예수 그리스도가 다시 오실 때 그 세상은 현재의 세상과는 전혀 다른 질서의 세계라는 것입니다. 현 세상의 질서에 따르면 사람은 구름 위에서 떨어질 수밖에 없습니다. 하지만 다가오는 세계에서는 현 세계의 질서와 다른 새로운 질서가 펼쳐지게 될 것입니다. 예수 그리스도께서 구름을 타고 다른 사람들과 함께 오신다는 것은 전적으로 새로운 새 하늘과 새 땅이 펼쳐진다는 것을 의미하는 것입니다.

영원한 생명에 대한 우리의 상상은 주관적 상상에 기초하지 않습니다. 우리가 하늘나라의 기쁨을 상상할 때 사용하는 자료들은 꿈속이나 환상 속에서 본 황홀한 장면이 아닙니다. 그것들은 천국의 실제적 모습을 보여 주기보다는 꿈을 꾼 사람의 의식 세계를 반사할 뿐입니다. 대부분의 사람들이 펼치는 상상이란 자신이 이미 주관적으로 경험한 것을 조금 확대해서 말한 것이기 때문입니다.

우리는 영원에 대해서 말할 때 먼저 영원의 흔적을 자료 data 로서 수집해야 합니다. 영생을 상상하기 위하여 우리가 사용하는 자료는 예수 그리스도를 영혼 가운데 영접함으로써 이루어지는 현재적 부활의 사건들입니다. 우리는 현재적 부활에 강조점을 두는데, 이는 현재적 부활이 우리가 누릴 수 있는 가장 확실한 부활 생명의 모습이기 때문입니다. 따라서 우리는 영생의 모습을 유추함에 있어서도 현재적 부활이 이루어지는 장면에 주목합니다.

우리는 신앙의 역사 속에서 하나님의 아름다움을 노래하고 하나님의 사랑을 증거했던 많은 사람들의 삶을 만납니다. 신앙의 사람들의 삶이 아름다웠던 이유는 그들이 하나님 나라의 미래를 반사했기 때문입니다. 스데반의 얼굴이 천사의 얼굴처럼 보였던 이유는 그가 하늘 위에 계신 하나님의 모습을 보았기 때문입니다.

영원의 흔적은 시간의 절정 絶頂 속에서 얻어질 수 있습니다. 우리는 현재의 경험 속에서 '순간이여, 영원하라!'고 외치고 싶은 순간을 경험합니다. 그 경험들이 그토록 우리의 영혼 가운데 매혹적인 까닭은 그것들이 영원의 모습을 반사하는 순간들이기 때문입니다.

역사 가운데 하나님의 생명을 반사한 사건들 속에서 우리는 미래의 실마리를 얻을 수 있습니다. 사람의 영혼이 그리스도의 생명을 얻고, 영혼의 순종을 통해서 가정을 천국으로 만들며, 역사적 순종 속에서 민족과 나라를 하나님의 세계로 만들어 가는 구체적 현장들은 미래에 다가올 하나님 나라에 대한 생생한 자료들이 될 수 있습니다.

따라서 우리는 영원의 모습을 찾기 위하여 주관적 상상을 찾아 헤맬 것이 아니라 오늘도 우리 가운데 펼쳐지는 하나님 나라의 파편들을 수집해야 합니다. 그때 우리의 현실은 하나님의 나라로 변혁되어 갈 것이며, 미래에 이루어질 하나님 나라의 모습도 더 생생하게 그려질 수 있을 것입니다.

지금까지 우리는 죽음 이후에 충만하게 완성될 영생의 문제를 고찰해 보았습니다. 역사의 종말에 맛보게 될 영생은 예수 그리스도의 부활에서 비롯된 것이며, 우리 영혼의 거듭남을 거쳐서 하나님 나라의 완성에 이르기까지 자라간다는 것을 우리는 살펴보았습니다. 또한 우리는 미래에 맛보게 될 영생의 모습이 주관적 공상에서 얻어지는 것이 아니라 역사 속에서 펼쳐지는 영생의 흔적들에서 얻어진다는 것도 함께 살펴보았습니다.

2부 **죽음과 종교**

변화의 계기로서의 죽음

죽음에 대한 연구는 쉽지 않습니다

죽음에 대한 이해를 돕는 학문을 '죽음학'이라고 합니다. 이 '죽음학'을 영어로는 '타나톨로지'Thanatology, 우리나라나 일본에서는 '생사학'生死學이라고 부릅니다. 인간의 죽음을 삶과 다르게 생각하며 분리의 관점에서 보는 서양과 달리, 동양에서는 삶과 죽음을 하나의 연계된 과정으로 보는 특징이 있습니다.

그런데 이 죽음을 연구하는 일은 역사도 짧고 다른 학문과 달리 쉽지 않습니다. 우리는 이 '죽음학'이 늦게 시작된 이유와 그 특징을 세 가지로 살펴볼 수 있습니다.

첫째는 광범위한 연구 범위를 가지고 있는 점입니다. 죽음을 공부한다는 것은 우리가 잘 아는 이야기인 '장님 코끼리 만지기'에 비유할 수 있습니다. 코끼리가 워낙 크다 보니 전체를 다 만져서 헤아려볼 수 없었기 때문에 장님들은 서로 다르게 코끼리를 묘사합니다. 죽음 역시 마찬가지로, 그 누구도 죽음이라는 완전한 그림을 그릴 수 없을 만큼 그 대상과 범위가 워낙 넓고 깊습니다. 거기다 죽음 연구는 눈앞에 보이는 현상적인 모습으로만 대상을 제한하는 것이 아니라, 죽음 이후의 세계와 인간의 영혼에 대한 생각에까지 이르기 때문에 '지금, 여기'라는 한정된 시공간을 초월하는 방대한 연구 영역을 가지고 있는 것입니다.

둘째, 죽음에 대한 연구 능력은 제한적일 수밖에 없는 현실입니다. 죽음에 대한 공부의 가장 큰 어려움은 죽음을 경험한 연구자가 죽음이 어떤 것인지에 대해 보고서를 제출한 적이 없다는 사실입니다. 죽음은 경험에 근거해 검증 가능한 실증적 학문의 대상이 아닙니다. 물론 일부 임사체험자臨死體驗者들 즉, 죽었다가 다시 살아나거나 죽음에 가까이 간 경험을 한 사람들의 증언이 있습니다만, 이 역시 사실 여부에 대해 전문가들의 평가가 다른 까닭에 죽음에 대한 객관성을 유지하기가 쉽지 않습니다. 그들의 증언 가운데는 공통적인 것도 있지만, 현대 과학자들은 그것이 유사한 문화 가운데서 사는 사람들이 무의식의 상태에서 경험하는 환상일 수 있다고 말하기도 합니다. 따라서 죽음을 연구할 때 죽음에 대한 경험과 그 이후에 대한 언급은 종교나 예술의 영역에서 다루어져 온 반면, 의학을 포함한 일반 학자들은 오직 죽어가는 사람이 죽음에 이르는 순간까지만을 관찰하고 그것을 연구 대상으로 삼을 뿐입니다. 따라서 죽음에 대한 연구를 논할 때 학문의 세계에서는 일부만을 다루며, 우리가 궁금해 하는 중요한 주제들은 아직도 미지의 영역으로 남아 있습니다.

그럼에도 불구하고 죽음을 다루지 않는 학문은 거의 없습니다. 이것은 학술적으로 죽음에 대한 다양한 접근이 가능함을 뜻하는 일이며, 죽음학의 세 번째 특징이라 할 수 있는 융합적 성격을 드러내는 일이기도 합니다. 여기서 우리는 '장님 코끼리 만지기'와 같은 죽음 연구의 한계성에 도전할 수 있는 방법을 찾을 수 있습니다. 다양한 전문 분야에서 행해진 죽음 연구와 이해가 비록 각각 자신의 부분만을 설명할 수밖에 없다 해도, 다양한 학문적 접근을 반복해서 거듭 시도하고, 이러한 학문적 경험이 축적되다 보면 죽음에 대한 어느 정도의 윤곽은 그려질 수 있을 것입니다. 이것은 결국 죽음을 공부하는 일은 다양한 학문 분야의 전문가들이 함께 연구하는 가운데 이뤄져야 하는 융합과 통섭의 성격을 지니고 있음을 의미하는 것입니다.

죽음을 판단하는 방법은 다양합니다

죽음에 대한 가장 실효성 있는 연구 결과를 내놓은 사람들은 의사들입니다. 환자의 병을 치료하다가 끝내 생명체로서의 반응이 나타나지 않고 더 이상의 치료 효과를 기대할 수 있는 가능성이 완전히 사라졌을 때 의사들은 죽음을 선포합니다.

그동안 의학계에서 죽음에 대한 판단을 내릴 때 가장 오랫동안 사용해 온 방법은 '심폐기능설'Cardiopulmonary theory 과 '뇌사설'Brain death theory이었습니다. 즉 심장과 폐의 기능이 정지되어 생명 유지에 필요한 몸의 모든 기능이 상실될 때 의사들은 환자의 죽음을 선언합니다. 그러나 최근에는 뇌사설을 죽음을 판단하는 중요한 근거로 삼는 경향이 확산되고 있습니다. 뇌의 기능이 정지되더라도 심장이 뛰고 호흡은 인공호흡기를 통해 얼마간 유지될 수 있지만, 한 번 정지된 뇌파는 다시 회복시킬 수 없다고 보는 것이 오늘날의 의학적 소견입니다.

그러나 의학적인 죽음의 정의가 우리 모두가 죽음을 판단하는 근거의 전부가 될 수는 없습니다. 법학에서 바라보는 죽음의 관점이 다르고, 철학이나 종교에서는 더더욱 죽음에 대한 생각이 의학과 다르기 때문입니다.

법학에서는 '죽음의 책임'을 묻는 쪽으로 죽음을 이해합니다. 죽음의 원인이 자연사냐 아니면 사고사, 혹은 타인에 의해 살해당한 것인지를 판단하는 일이 가장 중요합니다. 형법이 주로 사용하는 죽음의 판단 기준은 '호흡과 맥박의 정지'입니다. 사건이나 사고 현장에서 죽음을 판단하는 일이란 최신 의료기기가 구비된 병원과는 같을 수 없으므로, 보편적이고 전통적인 방법으로 죽음을 판단하게 됩니다.

그렇다면 '기억되는 사람은 죽지 않는다'라는 다소 문학적인 표현은 어떨까요? 비록 육체는 소멸되었지만 그 사람에 대한 기억들이 현실의 삶에 영향을 준다면 과연 그 사람이 죽었다고 할 수 있을까요? 눈으로 확인 가능한 것만을 가지고 죽음을 판단하는 것은 너무 좁은 소견이 아닌지 모르겠습니다.

중앙일보 논설위원인 정진홍 교수는 인문학 정신을 논하면서 시간관념에 따라서 죽음에 대한 이해가 달라질 수 있음을 언급하고 있습니다.

아프리카 스와힐리족 사람들에겐 '사사sasa와 자마니zamani'라는 독특한 시간관념을 가지고 있다. 누군가 죽었더라도 그를 기억하는 한 그는 여전히 '사사'의 시간에서 살아 있는 것으로 간주된다. 하지만 그를 기억하던 사람들마저 모두 죽어 더 이상 기억해 줄 사람이 없게 되면 이때 비로소 그 죽은 이는 영원한 침묵의 시간, 즉 '자마니'의 시간으로 들어간다고 한다. 결국 기억되는 한 우리는 살아 있는 셈이다.

정진홍, 인문의 숲에서 경영을 만나다, 21세기북스, 2007, 195-196

예수님이 바라본 죽음도 의사들이나 일반적인 사람의 생각과는 달랐습니다. 신약성서 마가복음 5장에는 '야이로'라는 회당장이 예수님의 발아래 엎드려, 죽게 된 딸을 살려달라고 간청하는 장면이 있습니다. 예수님은 그 회당장의 믿음을 보시고 딸이 병에서 나을 것이라고 말씀합니다. 회당장의 집에 도착하신 예수님은 사람들이 깊은 슬픔가운데 통곡하는 소리를 들으시고는 놀라운 말씀을 합니다. '너희가 어찌하여 떠들며 우느냐 이 아이가 죽은 것이 아니라 잔다 하시니'막 5:39라는 말씀을 듣고 사람들은 비웃었지만 예수님은 죽은 아이의 손을 잡고 일어나라고 말씀하십니다. 열두 살 된 소녀는 그 자리에서 일어났고, 사람들은 크게 놀라고 또 놀라는 것으로 이 이야기는 끝을 맺습니다.

어린 아이의 죽음을 바라보는 예수님의 시각은 뜻밖에도 '잠을 자는 것'이었습니다. 성경은 죽음을 인생의 끝으로 보고 있지도 않을 뿐더러, 죽은 후의 부활과 영생을 말하고 있습니다. 이 과정에서 우리가 흔히 말하는 현상으로써의 죽음은 기독교의 관점에서는 잠깐 잠을 자는 것에 불과합니다.

이제 우리는 죽음이 단지 한가지로만 이해될 수 없음을 알 수 있습니다. 인간의 죽음이 무엇인지를 정의내리기란 결코 쉽지 않은 일입니다. 그러나 종교나 철학 혹은 다른 학문적 관점을 대입할 경우에는 죽음에 대한 두려움이나 부정적 이미지를 넘어서는 새로운 시각으로 죽음을 대할 수 있습니다.

예를 들어 예수님이 죽음을 '잠을 자는 것'으로 바라보는 시각을 곰곰이 생각해 보면, 죽음을 대하는 슬픔이나 두려움이 약화되는 것을 알 수 있습니다. 잠에 대한 자연스러움과 긍정성은 죽음에 대한 두려움을 떨치고 죽음학이 목표로 하는 죽음에 대한 바른 이해의 과정에서 우리가 꼭 기억해야 할 중요한 요소라 할 수 있습니다.

죽음은 실존적 변화의 계기가 됩니다

죽음이 인간의 삶에 꼭 부정적 역할만 하는 것은 아닙니다. 인간의 역사에는 죽음으로 인해 인간의 삶에 끝이 있음을 인식하는 일은 오히려 개인이나 사회를 발전시킬 수 있다는 역설이 존재하고 있습니다.

영국 출신의 사상가로 미국에서 활동한 신학박사이자 성공회 신부였던 앨런 와츠 Alan W. Watts는 그의 대표적인 책인《불안이 주는 지혜》 The Wisdom of Insecurity 에서 그는 자신의 독특한 철학인 '역효과의 법칙' 혹은 '거꾸로 법칙'의 지혜를 위트 있게 묘사합니다. '역효과의 법칙'이란 물 위로 떠오르기 위해 애를 쓰면 쓸수록 가라앉는 반면, 가라앉으려고 노력하면 오히려 물 위로 뜨게 되는 역설입니다. '불안이 주는 지혜'의 논점 역시 현대인이 불안해하는 이유는 지나치게 안정만을 추구하는 행위의 결과라는 역설에 있습니다.

앨런 와츠는 신학을 공부한 사람답게 이러한 '거꾸로의 법칙'이 이미 성경을 통해 얻은 지혜임을 숨기지 않습니다. '자기 목숨을 얻는 자는 잃을 것이요 나를 위하여 자기 목숨을 잃는 자는 얻으리라'마 10:39는 성경구절이나 '한 알의 밀이 땅에 떨어져 죽지 아니하면 한 알 그대로 있고 죽으면 많은 열매를 맺느니라'요 12:24는 말씀은 죽음을 통해 생명을 얻는다는 역설을 통해 기독교의 진리를 드러내고 있기 때문입니다. 죽음에 대한 그의 신념 역시 부정적 인식을 뒤집고 죽음이 인간의 삶에 창조적 역할을 해 왔다는 사실을 밝힙니다.

> "사람들은 자기가 죽을 거란 사실을 알기 때문에 예술, 과학, 철학, 종교를 만들어냈다. 왜냐하면 생각에 종지부를 찍을 수 있는 죽음에 대한 생각보다 더 사람을 생각하게 만드는 것은 없기 때문이다."

앨런 와츠의 이 말에는 '생각'이란 단어가 세 번 나옵니다. 죽음 앞에 선 인간은 죽음 외에 다른 것을 생각할 수 없습니다. 그런데 뜻밖에도 인간은 죽음 앞에서 생각을 멈추고 죽음을 수동적으로 받아들이기보다는, 죽음에 대한 생각을 창조의 원천으로 삼아 죽음의 공포를 넘어서려는 다양한 문화 창작 활동을 하는 존재임을 역사는 증명하고 있습니다.

중세 시절 유럽의 평균 수명은 30세 안팎에 불과했고 1900년대조차도 50세를 넘지 못했습니다. 사망 원인은 대부분 천연두나 홍역, 콜레라 같은 전염성 높은 세균에 감염되는 일이었지만 마땅한 치료약이 없었습니다. 오늘날 현대인들은 이러한 세균 감염으로 인한 죽음의 두려움을 갖고 있지 않습니다. 1928년 알렉산더 플레밍이 푸른곰팡이로부터 페니실린을 발견한 덕분입니다. 이는 죽음을 생각하는 일이 의학 발전으로 이어질 수 있음을 보여 주는 사례라 할 수 있습니다.

죽음이 가져 오는 인간 삶의 한계성은 죽음과의 투쟁을 통해 중요한 가치와 의미를 실현하게 만들고, 이를 의학뿐만 아니라 다양한 예술의 형태로 창조하며 인간과 사회를 발전시켜 온 원동력인 셈이었던 것입니다.

또한 죽음은 인간의 정체성에 관여합니다. 인간의 역사에 나타난 가장 오래된 인간의 정체성 고백은 지금으로부터 기원전 3천년 경쯤 기록된 고대 메소포타미아지방에서 나온 "길가메시 서사시"*Epic of Gilgamesh*에 등장합니다. 이 서사시의 주인공인 인간 영웅 '길가메시'는 친구 '엔키두'의 죽음에 충격을 받고 신의 세계로 여행을 떠납니다. 그가 여행 끝에 얻은 것은, 신은 영원하지만 '인간은 죽을 수밖에 없는 운명을 지닌 존재'라는 인간의 원초적 정체성입니다. 영원한 신과 대비되는, '인간이 언젠가는 죽는다는 사실'은 그다지 새롭지도 중요해 보이지도 않지만, 고대로부터 현대에 이르기까지 '인간이 누구인가?'를 논하는 자리에서 인간을 특징짓는 정체성으로 여전히 인식되고 있습니다.

기계 문명이 발달한 현대에 와서는 죽음이 인간의 약점이 아니라 가장 인간다운 것으로 인식되는 모습을 보이기도 합니다. 로빈 윌리엄스가 주인공으로 나오는 영화 〈바이센테니얼맨〉Bicentennial Man에서 미래 세계의 가사 로봇인 앤드류는 자신과 함께 있는 가족들을 사랑합니다. 그러나 인간인 가족들은 세월이 지나면서 늙고 끝내 죽음을 맞이합니다. 사랑하는 사람들이 점점 자신의 곁을 떠나가는 것을 지켜봐야 하는 로봇 앤드류는 자신이 죽지 않고 살아가는 기계라는 사실에 회의를 느끼고 인간이 되고 싶어 합니다. 이때 죽음이란 기계가 가질 수 없는 인간의 고유한 정체성이 되는 것입니다.

흥미로운 사실은 죽음에 대한 인식을 바탕으로 창조적인 삶을 영위하고자 하는 인간의 행동 양식은 동물과 확연히 구분되는 요소라는 것입니다.

인간은 만 5-6세 정도가 되면 최초로 죽음이란 것을 알게 됩니다. 자신이 누구인지를 알게 되는 정체성을 처음으로 획득하는 시기가 바로 이때입니다. 이 시기에 유아들은 성에 대한 정체성과 아울러, 자신이 언젠가는 소멸할 수 있다는 죽음에 대한 인식을 처음 갖게 됩니다. 집에서 키우는 금붕어나 애완동물의 죽음에 대해 의문을 품고 죽음에 대한 질문을 하게 되는 시기도 바로 이때입니다. 따라서 죽음 교육의 필요성을 주장하는 전문가들은 죽음 교육을 실시하는 첫 시점을 이 시기로 잡고 있습니다.

유아들에게 행하는 죽음 교육은 죽음에 대한 자연스러움과 경건함을 그 목표를 두고 있습니다. 만약 집에서 키우던 금붕어가 죽었을 경우, 쓰레기통에 버리기보다는 아이와 함께 화단에 묻는 장례식을 치르며 생명의 소중함과 더불어 죽음이 인생에서 자연스러운 일임을 설명한다면, 아이는 다른 사람이나 자연의 생명적 가치를 훼손시키는 행동은 하지 않을 것입니다. 나아가서 인생에서 경험하게 될 죽음이 가져오는 상실감으로부터 빠른 회복을 가져올 가능성이 높습니다.

　　또한 현재는 유아기에 죽음을 배울 수 있는 동화책도 제법 나와 있는 만큼, 죽음을 회피해서 영원히 살 것처럼 가르치기보다는 정직하고 자연스럽게 죽음을 이해시키는 일이 필요합니다. 앞으로 더 많은 연구가 있어야 하겠지만, 분명 어려서 죽음 교육을 받은 사람은 겸손하고 이웃을 사랑할 줄 알며 또한 창조적으로 살아가는 인생으로 성장하리라 봅니다. 죽음 교육은 달리 말하면 생명 교육인 까닭입니다.

장례의 시작: 장례식을 보면 죽음을 알 수 있습니다

　장례문화는 죽음에 대한 인류의 생각을 들여다볼 수 있는 창문과 같습니다. 죽음에 대한 정의를 내리는 것조차 의견이 분분하고, 죽음 이후의 세계에 대해서는 더욱 더 알 길이 막막합니다. 그러나 우리는 장례문화, 즉 장례예식과 그 속에 포함된 시신의 처리방식, 부장품이나 무덤양식 등을 통해 죽음과 그 이후의 세계에 대한 사람들의 생각을 들여다볼 수는 있습니다.

　그렇다면 최초의 장례는 언제 시작되었을까요? 창조론을 믿는 기독교 학자들은 '흙으로 지어진 인간'아담은 하나님 앞에서 죄를 지은 결과로 인해 죽음을 맞이해 '흙으로 돌아갈 것'창 3:9을 본래 알고 있었다고 보기 때문에 인류 최초의 무덤에 대해서는 별 관심을 보이지 않습니다. 그러나 진화론에 따른 인간발달과정에 주목하는 인류학자들에게는 최초의 무덤을 발견하는 일이 매우 중요합니다. 왜냐하면 죽은 시신을 방치하지 않고 일정한 형태로 처리하는 과정 가운데는 분명 어떤 문화가 존재하고 있고, 죽음을 다루는 문화가 있다는 것은 인간임을 증명할 수 있는 고유의 특징이라고 판단하기 때문입니다. 즉 최초의 무덤을 사용한 사람은 현재와 같은 인류의 첫 조상이라고 보는 것입니다.

최근까지 진행된 연구에 따르면 최초의 장례식은 지금으로부터 약 3만 년전 까지 살았을 것으로 추정되는 네안데르탈인에 의해 처음 시행되었을 것이라고 추측합니다.

네안데르탈인은 진화인류학자들에게 조차도 수수께끼 같은 존재로 여겨집니다. 네안데르탈인이 처음 발견된 때와 장소는 1856년 독일 뒤셀도르프 인근의 네안더 계곡의 한 동굴 안입니다. 이곳에서 현재의 인류에 가장 가까운 유골이 발견되어 '네안데르탈인'이라고 불리게 되었습니다. 그러나 네안데르탈인의 유골이 발견된 지역은 알프스 북쪽의 유럽에서부터 이라크 지방에 이르기까지 폭넓게 분포되어 있었고, 어느 날 이들은 지구상에서 갑자기 사라져 버립니다.

이들이 장례식을 거행했다고 보는 결정적 증거는 유골과 함께 묻힌 부장품들이 있었기 때문입니다. 특히 이라크의 샤니다 동굴 Shanidar Cave 에서 발견된 네안데르탈인의 유골과 주변 흔적을 살펴본 인류학자들은 이곳에서 최초의 장례문화가 생겨났으리라 판단하고 있습니다. 왜냐하면 네안데르탈인 유골 주위에는 음식과 무기, 땔감용 숯이 나왔고 더불어 가장 결정적인 증거인 '꽃잎을 뿌린 흔적'이 발견되었기 때문입니다.

그러나 네안데르탈인이 최초의 무덤을 만들고 장례식을 거행한 최초의 인간이라는 주장에 대한 반론도 만만치 않습니다. 대중들의 사랑을 받는 미국의 문화인류학자인 마빈 해리스 Marvin Harris 는 네안데르탈인의 유골과 함께 발견된 꽃잎의 흔적에 대해 이것이 의도적 애도 행위의 결과가 아니라, 지층의 붕괴로 인해 사체 위에 자연스럽게 덮인 것일 수 있다는 주장을 펼치기도 합니다.

우리에게 중요한 것은 인간이 지닌 문화적 연계성이 죽음을 애도하는 장례문화에서 발견된다는 사실입니다. 민족과 종교에 따라 장례문화는 다를 수 있지만, 장례식에는 죽음을 바라보는 인간의 원초적 의식이 내포되어 있고, 우리는 그 꽃잎을 통해 현대인과 동일하게 과거의 사람들이 가졌던 공통된 죽음관을 엿볼 수 있습니다.

죽은 이를 애도하는 방식으로 꽃을 사용한다는 것은 인간만이 가질 수 있는 이미지를 통한 초월적 상징 구성 능력이 있음을 보여 주는 예일 것입니다. 꽃은 시각적이고 후각적인 이미지를 모두 발생시켜, 매우 감각적이지만 동시에 초월적인 의식을 고양시키는데 훌륭한 역할을 수행하는 소재입니다. 예술가들이 '꽃 속에서 우주를 본다'라고 노래하듯이 꽃이 지니는 조화와 그 아름다운 신비는 일반 언어로 표현이 불가능한 인간관계의 깊은 감정을 표현하는 데 적절하게 사용되어 왔습니다. 꽃잎의 수가 '피보나치의 수열'Fibonacci Sequence 을 따른다는 사실은 꽃이 우주적 상징성을 가지고 있음을 이해하는데 중요한 단서가 됩니다. 즉 어느 곳에서 나누더라도 꽃잎은 대칭을 이루며 완벽한 조화를 이루고 있습니다. 한마디로 꽃 속에는 질서와 조화의 소우주가 담긴 셈입니다.

우리는 지금도 만나고 사랑하고 이별하는 그 모든 순간에 마음을 대신하여 꽃을 주고받습니다. 우리나라 전통 장례식 때 꽃상여를 마련해 시신을 장지까지 운반했던 일로부터 오늘날 장례식장에 애도의 의미로 화환을 보내고, 영정사진 앞에 하얀 국화꽃을 놓는 행위에 이르기까지 꽃이 죽은 이를 떠나보내야 하는 산 자의 깊은 슬픔과 애정을 표현하는 방법으로 널리 사용되고 있습니다.

김소월 시인의 "진달래꽃"에서 이 꽃잎이 왜 이별하는 님의 발밑에서 밟혀야 하는지는 논리적 설명을 넘어서는 일입니다. 그러나 인간의 가장 숭고한 의식과 감정을 담아내는 데에는 꽃만 한 것이 없다는 점에 대해서는 동서양의 문화가 동일한 생각을 갖고 있습니다. 그렇다면 꽃잎과 부장품이 곁들여진 인류 최초의 장례식에서 엿볼 수 있는 죽음이란, '생의 종말이 아닌, 죽은 자가 가야하는 새로운 세상에 대한 인식을 기반으로 한 이별의 의미를 담고 있다'라고 봐야하지 않나 싶습니다.

다양한 장례문화: 매장, 수장, 화장, 노출장

어떠한 형태의 장례식을 치를 것인가의 문제를 결정하는 요소는 크게 두 가지입니다. 하나는 환경적 요인이고 또 하나는 세계관입니다. 환경적 요인이란 장례를 치르는 사회가 지니고 있는 죽음에 대한 의미나 가치가 상실되지 않는 범위 안에서 시신을 처리할 수 있는 가장 적절한 조건을 적용하는 것을 말합니다.

우리가 에스키모 '날고기를 먹는 사람'이란 뜻으로, 백인들의 조롱 섞인 편견이 들어간 이름 라고 부르는 이누이트 Innuit, '우리' 혹은 '진짜 사람'이란 뜻으로, 북극 원주민이 스스로를 부르는 이름 족들이 사는 북극은 짧은 여름기간을 제외하고는 일 년 중 대부분의 날들은 땅이 꽁꽁 얼어있습니다. 에스키모는 땅을 팔 수 있는 조건에서라면 매장을 하지만, 그렇지 못하다면 얼음 위에 시신을 누이고 그 위에 돌을 쌓아 석총형태의 무덤을 만듭니다.

그러나 같은 극지방에 살지만 고유문화의 형태를 가장 최근까지 지켜왔던 이누이트들은 장례식에서 모든 것이 얼어붙은 자연환경의 조건을 받아들이면서, 아울러 곰을 신성시하는 토테미즘적이고 동시에 자연순화적인 세계관을 보여 줍니다.

이누이트족은 사람이 죽으면 그 시체를 북극곰에게 먹이로 줍니다. 곰에게 먹힌 사람은 다시 곰으로 태어나게 되고, 사람은 곰 사냥을 통해 그 곰을 먹게 되고, 인간에게 먹힌 곰은 다시 사람으로 태어난다고 믿는 것입니다. 이것은 토테미즘과 함께 얽힌 독특한 죽음관에서 비롯된 것입니다. 인간을 자연의 지배자로 보기보다는 순환하는 자연의 일부로 여겼을 때 이런 장례풍습이 나올 수 있습니다.

매장埋葬

매장은 세계 어디서나 발견되는 가장 보편적인 장례 풍습입니다. 이것은 문화적으로 매우 다양한 의미로 이해할 수 있지만, 시신은 시간이 지나면 부패하고 오염되는 까닭에 땅속에 묻는 것만큼 위생적이고 안전한 곳은 없다는 생각을 누구나 할 수 있습니다.

그러나 인간은 사건에 의미를 부여하고 해석하는 존재란 사실을 기억할 필요가 있습니다. 매장 풍습은 고대 그리스 사람들을 비롯한 많은 문명권에서는 죽음이 어둠의 이미지를 동반하며, 죽은 자들이 머무는 곳이 지하세계라는 관념을 생산하는데 주요한 역할을 해 왔다고 봅니다. 그리스 신화에서 하데스 Hades 는 죽음을 관장하고 지하세계를 다스리는 신인 동시에 지하세계 자체를 의미하기도 합니다. 이것은 곧 죽은 자가 땅속에 묻히는 풍습과 죽은 자들이 가는 곳이 어둠의 공간인 땅속 지하에 있을 것이라는 생각과의 연관성을 짓게 만듭니다.

더욱 흥미로운 사실은 매장 풍습을 통해 연구자들은 죽음 이후의 세계를 엿볼 수 있는데, 뜻밖에도 그것은 죽은 이가 살아온 당시 사회문화의 현실을 바탕으로 형성된다는 점입니다. 고대 바벨론과 수메르인들은 살아 있을 때의 계급에 따라서 매장되는 방식도 달랐습니다. 귀족은 편안히 누워서 두 손을 가지런히 가슴에 모은 채 잠자는 자세를 취하고 묻힌 반면, 노예들은 무릎을 꿇린 자세로 묻히기도 했습니다. 죽은 다음에도 살아 있을 때의 신분은 그대로 계승될 뿐만 아니라 노예는 죽어서도 주인을 섬기는 역할을 해야 하는 운명임을 보여 준 것입니다.

고대 동서양의 왕이나 귀족의 무덤에서 나타날 뿐만 아니라 최근 네팔이나 인도에서 문제가 되고 있는 순장殉葬 풍습 역시 현실의 신분과 역할이 죽음 이후에도 그대로 계승되고 유지되어야 한다는 생각을 보여 줍니다.

고대 히브리인들은 매장의 변형 형태인 동굴을 무덤으로 이용하는 장례문화를 가지고 있습니다. 이스라엘의 조상인 아브라함이 아내인 사라가 죽었을 때 '막벨라 밭 굴' the cave in the field of Machpelah 에 묻혔고, 이삭의 아들 야곱 또한 같은 굴에 매장된 기록이 있습니다 창 23:19, 50:13 .

예수님 시대에도 동굴은 히브리인들의 매장 장소였습니다. 우리는 성경에서 예수님이 히브리인들의 무덤 양식인 동굴에 비유해서 위선적인 서기관들과 바리새인들을 비판하시는 장면을 볼 수 있습니다.

> 화 있을진저 외식하는 서기관들과 바리새인들이여 회칠한 무덤 같으니 겉으로는 아름답게 보이나 그 안에는 죽은 사람의 뼈와 모든 더러운 것이 가득하도다 마 23:27

여기서 '회칠한 무덤' whitewashed tombs 은 우리나라에서 흔히 보는 봉분이 있는 무덤에 하얀 색 페인트를 칠하는 것을 말하는 게 아닙니다. 예수님 당시 이스라엘 사람들은 사람이 죽으면 동굴에 시신을 안치했고 그 입구를 커다란 돌로 막았습니다. 그리고 동굴 입구를 하얀색 회를 발라 멀리서도 잘 보이도록 만들었습니다.

여기서 히브리인들의 세계관이 나타납니다. 히브리인들은 죄의 결과로 인해 죽음이 인간 세계로 들어 왔기 때문에 시체를 부정하다고 여겼습니다. 그래서 시체를 만진 사람뿐만 아니라 시체가 놓인 곳에 들어간 사람 역시 부정하다고 생각해, 7일 동안 공동체에서 격리시키고 중요한 예식에도 참가할 수 없게 했습니다 민 19:11, 14. 그런데 그 마을 사람들은 무덤으로 사용하는 동굴의 위치를 잘 알기 때문에 무덤 가까이 갈 생각을 하지 않지만, 그곳 지리를 잘 모르는 외지인들은 그곳이 무덤인줄 모르고 들어갈 수도 있었습니다. 이를 방지하기 위해 동굴 입구를 움직일 수 있는 돌로 막고, 그 위에 눈에 띄는 흰색 회를 발랐던 것입니다.

예수님 역시 십자가에서 죽으신 후 부활하시기 전까지 공회원이었던 아리마대 요셉이라는 사람이 자신의 무덤으로 쓰려 했던 동굴식 무덤에 안치되었던 것을 알 수 있습니다 막 15:46.

이슬람교를 믿는 무슬림들 역시 매장 방식을 선호합니다. 그런데 흥미로운 사실은 각 시신이 묻히는 장소는 다를 수 있어도, 모든 시신의 오른 쪽이 이슬람의 성지인 메카 Mecca를 향하는 공통점을 갖고 있습니다. 메카는 사우디아라비아 남서부 홍해 연안에 있는 도시로 이슬람의 예언자인 마호메트가 태어난 곳이기도 합니다.

무슬림들이 그들의 신앙생활 가운데 반드시 지켜야하는 규칙인 살라트 salat 즉, 하루 다섯 번 하는 기도도 메카를 향한 방향으로 할 뿐만 아니라, 일생에 한 번은 메카로 하즈 hajj라 부르는 성지순례를 다녀와야 합니다. 이는 죽어서도 메카를 의식하게 함으로써 그들은 신앙을 지속하게 하는 것입니다.

시신의 머리를 어느 방향으로 둘 것이냐 하는 점에서 일정한 방향을 정하는 것은 우리나라의 전통 장례식에서도 마찬가집니다. 보통 묘자리를 쓰는 곳은 제 각각일 수 있지만, 시신의 머리는 북쪽을 향해서 묻게 됩니다. 왜냐하면 옛날 한국인들은 저승이 북쪽에 있다고 믿었기 때문입니다. 우리 조상들이 북쪽으로 머리를 두고 자지 말고, 동쪽을 향해 두고 자라고 했던 말은 북쪽이 죽은 자들이 가는 곳이라 생각한 반면, 동쪽은 해가 뜨는 곳, 즉 하루가 시작되듯 생명력이 넘치는 삶을 기원했던 의식이 반영된 것이라고 볼 수 있습니다.

수장水葬

수장은 시신을 물에 빠뜨려서 장례를 치르는 방식입니다. 수장 역시 환경적 요인과 세계관에 따른 결과란 점에서는 매장과 동일합니다. 바다를 삶의 터전으로 삼고 살아가는 사람들에게 수장은 익숙한 장례 방식입니다. 자신이 살아왔고 좋아하는 바다로 돌려보내어 바다와 함께 삶을 계속 영위하도록 하는 의미가 있기 때문입니다.

스칸디나비아 해안 지역을 중심으로 활동했던 바이킹들은 시신을 배에 실은 후 바다로 보냈습니다. 이 경우 죽은 이의 몸이 바다와 하나 되어 영원히 바다에서 잠들 수 있도록 배에 불을 붙이기도 하지만, 영웅으로 추앙받는 왕들의 경우 바다 끝에 있다고 믿었던 조상과 신들의 세계에 다녀올 수 있도록 죽음의 항해를 떠나보내기도 했습니다.

로버트 저메키스 감독의 영화 〈베오울프〉Beowulf, 2007에는 바이킹의 수장 풍습을 재현하고 있습니다. '베오울프'는 바이킹들이 살고 있는 덴마크에 기독교 문명이 전파될 당시를 배경으로 신과 괴물 그리고 인간의 공존과 갈등하는 시대의 문화를 보여 줍니다.

호르트가르왕은 인간을 잡아먹는 괴물 그렌델을 퇴치하기 위해 찾아 온 영웅 베오울프를 환영하지만, 베오울프는 막상 그렌델을 죽인 후 그의 엄마인 물의 마녀로부터 유혹을 받습니다. 그렌델이 호르트가르왕과의 동침 후 낳은 아들이란 것도 밝혀지게 됩니다.

8세기에서 11세기 사이에 형성된 것으로 보이는 이 북유럽의 서사시에는 기독교 세계관과 북유럽의 이교적인 영웅관이 함께 뒤섞여 있습니다. 특히 왕이 된 베오울프가 불을 뿜는 용을 죽임으로써 베오울프는 고전적인 기독교 영웅으로 회자되기 시작합니다. 그런데 이 영화의 마지막 장면에서 영웅 베오울프는 죽음을 맞이한 후, 바이킹의 전형적인 수장으로 장례를 치르게 됩니다. 바이킹선에는 베오울프와 함께 각종 금장신구와 귀중품들이 시신 주위를 둘러쌉니다. 그리고 마침내 불에 휩싸여 바다 속으로 가라앉게 됩니다. 기독교 영웅이 이교도문화를 상징하는 용과 괴물을 퇴치했지만, 물의 마녀로부터 받은 달콤한 유혹은 거절하지 못했고, 장례식은 여전히 바이킹의 전통문화를 따름으로써 기독교 세계관이 죽음을 해석하는데 까지는 이르지 못했음을 보여 줍니다.

노르웨이의 오슬로에 있는 '바이킹 배 박물관'에는 9세기에서 11세기까지 바이킹 전성기 때 활약했던 배들이 전시되어 있습니다. 그 가운데 한 척은 백여 년 전, 오슬로 앞 바다에서 발견되었는데 여왕으로 추정되는 인물의 유골과 함께 부장품이 원형 그대로 남아있어서 화제가 된 적이 있었습니다. 이런 경우 수장은 신화적 의미를 갖게 됩니다.

첫째는 물이 지닌 영원성과 환원성에 기대어 죽음을 단순한 소멸로 보지 않는 시각이 형성되어 있다는 것입니다. 평생 바다를 보고 살아 온 사람에게 바닷물은 없어지지 않는 영원한 것입니다. 그 바다와 하나 됨으로써 죽어서도 그 사람은 영원히 바다와 함께한다고 생각할 수 있습니다. 또한 물은 다시 본래의 성격을 회복하는 환원적 성격을 지니고 있습니다. 물은 수증기가 되어 하늘로 올라가지만 다시 비가 되어 땅에 내리고, 그 물은 강을 거쳐 다시 바다로 흘러가게 되니, 결국은 원래 그 자리로 다시 돌아오게 되는 것입니다. 그래서 바이킹 영웅들은 죽어서 바다 끝에 있다고 믿는 신과 조상들을 만나고 다시 부족을 일으키기 위해 돌아온다고 믿었던 것입니다.

현대 사회에서 수장을 많이 행하는 곳은 해군이 아닌가 싶습니다. 전쟁 중이거나 작전 중에 사망한 군인을 육지로 이송하기가 어려운 상황에서 시신을 보관할 만한 냉동 창고와 같은 시설을 가지고 있지 않다면 수장을 할 수 밖에 없습니다. 그러나 전쟁 중이 아니더라도 해군은 수장을 군인의 영예로 여기고 있습니다. 그들에게 '바다사나이의 가장 큰 영예는 바다에서 죽는 것'이라는 의미가 매우 크기 때문입니다.

화장火葬

화장이 서구 사회에서 널리 퍼지기 시작한 것은 기원전 1세기경의 그리스에서였습니다. 화장은 처음에는 실용적인 목적으로 시작되었습니다. 즉 전쟁에 나가서 전사했을 때나 고향에서 장례를 치를 수 없는 경우 시신을 처리하기 위한 하나의 방편이었던 셈입니다. 그러나 호머의 대서사시 "일리아드"Iliad에서 트로이 전쟁에 참가한 그리스 영웅들이 죽었을 때 화장을 한 기록들이 회자되기 시작하면서 화장은 영웅적 인생을 산 사람이 마지막에 보여 주는 위대한 이벤트로 나타나기 시작합니다.

트로이의 영웅들의 화장이란, 나뭇단을 가능한 한 높이 쌓은 후 그 위에 시신을 놓고 기름을 부은 후 불을 붙이는 방법이었습니다. 그러면 검은 연기가 하늘 높이 치솟게 되고 수십 킬로미터 떨어진 곳에서 이 연기를 본 그리스인들은 영웅의 죽음을 알아채고 깊이 애도했던 것입니다.

화장이 절정의 꽃을 피웠던 시기는 1세기 로마에서였습니다. 로마가 안정되고 절정기를 맞이했던 '팍스 로마나'Pax Romana 시절에 로마 귀족들의 허영과 사치는 극에 달했습니다. 많은 재산과 권력을 움켜쥔 귀족들은 더 이상 자신의 명예를 빛낼 길을 찾지 못하자 결국 장례식에서 그 방법을 찾기 시작합니다.

첫 번째는 화장을 통해 자신이 살아온 삶을 영웅화시키는 일이었습니다. 두 번째는 '눈물단지'lachrymatory를 만들어 조문객들의 눈물을 모으는 일이었습니다. 로마 귀족들은 마치 일리아드의 영웅이라도 된 양 자신의 죽음을 온 세상에 알리기 위해 나뭇단을 높이 쌓는 경쟁을 벌이기 시작했습니다. 그 경쟁이 얼마나 치열했는지 1세기 말엽에는 로마 시내에 나무가 한그루도 남아 있지 않았다고 합니다.

두 번째는 진정한 영웅의 죽음에는 사람들의 마음에서 우러나오는 눈물의 양이 그것을 증명한다고 보았습니다. 죽음 앞에서 눈물을 흘리는 것이야 말로 가장 큰 존경과 애도의 표시로 여겨지기도 했습니다. 이것은 당시 사람들의 눈물을 모아 두는 풍습과도 관련이 있습니다.

고대 페르시아나 이스라엘 등 근동지역 사람들은 작은 호리병 모양의 눈물병을 가지고 있었습니다. 즉 마음이 상해서 눈물을 흘릴 때 그 병에 눈물을 담아두는 풍속이 있었던 것입니다. 구약성경 시편 56편에서 다윗은 하나님께 이렇게 부르짖습니다.

> 나의 유리함을 주께서 계수하셨사오니 나의 눈물을 주의 병에
> 담으소서 이것이 주의 책에 기록되지 아니하였나이까 시 56:8

이를 통해 우리는 고대 근동지방에서부터 개인의 눈물을 담아두는 눈물병을 소중히 간직하는 풍속이 로마시대까지 전수되고 있는 것을 알 수 있습니다. 그리고 어떤 이들은 자신의 장례식 때 이 눈물병을 함께 매장하기도 했습니다. 그런데 로마 귀족들은 한 단계 더 나아가 자신의 눈물뿐만 아니라, 남의 눈물까지 모아서 자기 장례식의 특별함을 뽐내려 했던 것입니다. 화장에 필요한 나무는 돈이 있으면 얼마든지 구할 수 있었기에 사람들의 눈물이야 말로 진정한 위엄과 가치를 보여 준다고 생각했기 때문입니다.

영화 〈쿼바디스〉Quo vadis, 1951 에서도 네로 황제가 로마에 불을 지른 뒤, 부하에게 '눈물단지'를 가져오라고 명하며 자신은 나오지도 않는 눈물을 억지로 짜내는 모습이 있습니다. 로마의 귀족들은 장례식

에서 화려한 보석으로 치장된 눈물단지를 만들어 노예들에게 조문객의 눈물을 받아내라고 명했습니다. 여기서 또 흥미로운 사실은 조문객들이 문상을 갈 때 눈물을 잘 흘리는 노예를 사서 함께 갔다는 점입니다. 눈물단지를 들고 서서 자신이 눈물을 흘리기만을 기다리는 노예를 마주할 때마다 부담을 느껴야했던 조문객들의 문제 해결책은 결국 눈물 흘리기 전문 노예였던 것입니다. 노예 없이는 아무것도 하지 못한 로마사회는 결국 멸망할 수밖에 없는 구조적인 모순을 가지고 있던 셈입니다.

그러나 로마의 전성기 때 유행하던 화장도 서기 313년 기독교가 국교로 선포된 이후부터는 사라지기 시작합니다. 왜냐하면 기독교는 육체의 부활을 믿었는데, 당시 기독교인들은 부활을 하기 위해서는 반드시 육체가 있어야 한다고 생각했기 때문입니다.

현대의 신학자들은 기독교인들이 화장이나 매장 등 어떤 방식의 장례식을 치르더라도 부활하는 데에는 아무런 문제가 없다고 말합니다. 왜냐하면 부활할 때의 육체는 살아 있을 때 가졌던 약하고 썩기 쉬운 육체가 아니라 신령한 몸이기 때문입니다. 이에 대한 가장 좋은 예는 예수님의 부활입니다.

예수님은 영으로만 부활하신 것이 아니라 온전한 육체를 가지고 부활하셨습니다. 그래서 제자들과 식사도 하셨고 눅 24:41-43, 의심이 많은 제자 도마에게는 예수님이 십자가에 달리셨을 때 생긴 못자국과 창자국을 직접 만져보라고 말씀하셨습니다 요 20:27.

가장 흥미로운 점은 제자들이 두려움에 문을 걸어 잠그고 방에 들어앉았을 때, 예수님이 그 방에 들어오셨다는 사실입니다 요 20:19.
이것은 예수님이 그 벽을 통과했다고 밖에는 생각할 수가 없습니다.
즉 부활의 몸이란 3차원적인 시공간의 어떤 제한도 받지 않는 신령하
고 완전한 몸이란 것을 알려 줍니다.

한국은 유교 문화의 영향으로 오랫동안 매장을 당연하게 생각해
왔지만, 최근 묘를 관리하는데 따르는 불편함과 서구화, 핵가족화가
되면서부터는 화장하는 비율이 급속히 증가하는 추세입니다. 2013년
통계에 따르면 장례를 치른 사람 가운데 화장을 선택하는 비율은 무
려 70퍼센트에 달합니다. 이것은 지난 20년 동안 4배나 증가한 것입니
다. 인구 밀도가 높고 땅이 좁은 우리나라에서 화장은 어쩔 수 없는
선택일 것입니다. 우리처럼 인구 밀도가 높은 일본 역시 화장률이 무
려 98퍼센트에 달합니다.

그러나 기독교 세계관이나 여성 인권의 차원에서 볼 때 잘못된
화장도 존재합니다. 죽은 남편을 따라 살아 있는 아내를 함께 화장하
는 풍습은 분명 문화상대주의 차원에서도 절대 수용할 수 없는 잘못
된 일입니다.

2014년 2월 네팔에서 개봉되어 화제가 된 영화 〈졸라〉Jhola는 지
금도 네팔과 인도 같은 힌두교 문명권 곳곳에서 발견되는 여성 순장
풍습을 비판하는 영화입니다. 일흔 살이 넘은 노인과 결혼생활을 하
고 있는 이십대 후반의 아내 가리마Garima는 남편이 죽자 마을의 풍
습대로 남편의 장례식 날 화장되는 남편을 따라 불 속으로 뛰어들게
됩니다. 결혼식 신부 차림을 한 여주인공의 비명이 화려한 음악 가운

데 묻혀버리는 장면은 지금까지도 여성을 남성에게 종속된 존재로 보는 극단의 가부장적인 문화에 고통 받는 힌두교권 여성의 모습을 그대로 보여 주었습니다.

현실에서 한 남자의 아내로 살아 온 여성은 남편의 죽음에 동행해야 하며, 죽은 다음에도 남편을 위해 봉사하는 삶을 살아야 한다는 생각은 삶과 죽음을 분리해서 보지 않을 뿐만 아니라, 그대로 연계된다고 보고 있는 것입니다. 이 같은 힌두교의 세계관이 이러한 순장 풍습을 행하게 하는 것입니다.

노출장 露出葬

장례문화 가운데 가장 흥미로운 것은 노출장입니다. 노출장은 시신을 자연에 노출시켜서 새나 다른 짐승의 먹잇감이 되게 하여 자연스럽게 해체를 도모하는 장례식입니다. 지역에 따라서는 노출장을 조장鳥葬 또는 풍장風葬이라고 부르기도 합니다. 어떻게 생각하면 시신을 방치하는 것이 아니냐는 생각이 들 수도 있습니다만, 노출장 역시 환경적 요인과 세계관이 깊이 개입되어 있는 오래된 장례문화입니다.

현재 기록에 남아 있는 가장 오래된 노출장 문화는 기원전 6세기 이란 지방에서 발흥한 조로아스터교 Zoroaster에서 시행되었습니다. 우리가 니체의 저서로 알고 있는 《짜라투스트라는 이렇게 말했다》Thus Spoke Zarathustra에서 말하는 '짜라투스트라'가 바로 조로아스터를 뜻합니다. 우리에게는 '배화교'拜火敎로, 불을 숭배하는 종교로 알려져 있습니다만, 조로아스터교의 가장 중요한 특징은 이원론二元論에 있으며 죽음에 대한 인식과 장례문화 역시 이 이원론적인 세계관으로부터 비롯됩니다.

이원론은 세상을 두 가지의 양분된 구조로 인식하는 체계를 말합니다. 선과 악으로 세상을 보거나, 빛과 어둠, 생명과 죽음 등 두 가지의 상반된 개념으로 세상을 인식하고 그 가운데서 선을 택하도록 종용하고 있습니다. 그렇다면 죽음은 좋은 것이 아니며, 어둠에 해당하는 것이 됩니다.

조로아스터교의 노출장은 여기서부터 출발합니다. 조로아스터교 사람들은 시체를 땅속에 묻을 경우, 땅이 오염되고 작물이 성장하는 데 좋지 않은 결과를 줄 것이라고 믿습니다. 그래서 이들은 단을 쌓고 그 위에 시신을 얹습니다. 그리고 악령들이 시신을 탈취하지 못하도록 개를 한 마리 풀어놓습니다. 재미있는 점은 개의 두 눈 위에 붓으로 눈을 두 개 더 그려 놓습니다. 그러면 실제의 눈과 함께 모두 4개의 눈을 갖게 되는데, 이는 동서남북으로 사방을 잘 지키라는 뜻에서 그리는 것입니다. 시신의 해체는 콘도르의 몫입니다. 시각과 후각 모두 뛰어난 콘도르의 무리가 어느새 달려들어 시신을 깨끗하게 먹어 치웁니다. 사흘이 지난 후 시신에서 뼈만 남게 되면 그 때서야 사람들이 그 뼈를 분쇄하여 구덩이 속에 넣게 되고 비로소 장례식은 끝을 맺습니다.

이란 지방에 있던 조로아스터교는 이슬람교에 밀려서 2004년 현재 전 세계에 작게는 14만 5천명에서 많게는 21만 명 정도의 성도들이 흩어져 사는 것으로 알려져 있습니다. 신앙인의 숫자는 얼마 안 되는 작은 종교지만, 그 사상은 유대교나 기독교 역사에 중요한 영향을 주었다고 평가 받고 있습니다.

콘도르를 활용한다는 측면에서는 똑같지만 전혀 다른 세계관 때문에 조장을 하는 문화도 있습니다. 티벳 사람들은 이를 천장天葬이라 부릅니다. 독수리가 와서 시신을 먹도록 한다는 점에서는 조로아스터교의 조장과 비슷하지만, 보다 적극적으로 조장에 관여한다는 점에서 다릅니다. 즉 독수리가 먹기 좋게 천장을 집행하는 사람이 칼로 시신의 살점을 발라주기도 합니다. 처음 보는 사람들은 이 모습에 충격을 받지만, 이 역시 그들의 세계관을 이해한다면 충분히 납득할 수 있습니다.

마틴 스코시스 감독의 영화 〈쿤둔〉Kundun, 1997은 현재 14대 달라이라마의 어린 시절부터 티벳이 공산화되기까지의 과정을 그린 영화입니다. 달라이라마는 일반적으로 티벳의 정신적 지도자 정도로만 알려져 있지만, 그의 본래 역할은 티벳 불교를 이끄는 종교적 수장이었습니다. 그런데 14세기부터 티벳 불교의 승려는 중생을 구제하기 위해 환승한다는 믿음이 전래되어 왔고, 지금의 달라이라마는 같은 사람이 14번째 환생했다고 보는 것입니다.

영화 〈쿤둔〉은 지금 달라이라마의 어린 시절 모습을 그리고 있는데, 영화에서는 그의 섭정이자 영적 스승인 레팅 린포체의 장례 장면이 나옵니다. 승려들의 독송이 울려 퍼지면서 죽은 이의 시신에서 살과 뼈가 분리되고, 살점은 곡식과 섞어서 독수리들이 먹기 좋은 상태로 만들어 주는 장면을 볼 수 있습니다.

이렇게 조장 혹은 천장을 하는 것은 티벳 불교의 특징인 대승불교 大乘佛敎 의 보살사상 菩薩思想 때문입니다. 대승불교는 모든 생명체는 불성 佛性 을 가지고 있어서 깨달음에 이르러 부처가 될 수 있다고 믿습니다. 불교는 크게 대승불교와 소승불교로 나눌 수 있는데, 이를 번역하면 '큰 수레'와 '작은 수레'가 됩니다. 태국이나 미얀마, 스리랑카와 같은 남방국가들의 불교는 소승불교입니다. 오직 출가자, 즉 승려들만 깨달음을 얻어 해탈할 수 있다고 보기 때문에 '수레가 작다' 小乘 라고 말합니다.

한국이나 중국, 티벳의 불교는 대승불교입니다. 재가자 일반 신도 나 출가자 가릴 것 없이 모든 생명은 깨달음에 이르러 해탈할 수 있다고 보기에 짐승들이 홀대 받을 이유가 없는 법입니다. 거기다 인간은 환생하는 존재이고 육체는 껍데기에 불과한 만큼 시신 자체에 가치를 부여하지 않습니다. 따라서 남을 이롭게 하는 보살사상에 기반을 둔 티벳 불교의 입장에서는 별 의미가 없는 사람의 시체를 독수리들의 먹이가 되도록 하는 것은 짐승들에게 자비를 베푸는 보시 布施 행위가 되는 셈입니다.

조로아스터교인들이나 티벳 사람들의 노출장 풍습이 그들의 종교에 기반을 둔 세계관의 결과라면 오래전 몽골 사람들이 시행한 노출장 露出葬 은 세계관과 더불어 환경적 요인이 크게 작용했다고 할 수 있습니다.

몽골 사람들은 14세기 이후 공산화가 되기까지 티벳 불교와 같은 라마교의 영향을 받았습니다. 그래서 노출장을 한다고 볼 수도 있지만, 유목민 생활을 하는 몽골 사람들은 양질의 목초를 찾아 빠르게 움직여야 하는 생사를 건 이동 과정이 불가피하기 때문에 시신을 보관하거나 별도의 애도 시간을 갖는 장례 방식을 선택할 수가 없었습니다. 따라서 사람이 죽으면 시신을 초원 위에 둠으로써 새나 들짐승들의 먹이가 되도록 하는 노출장, 즉 조장 혹은 풍장이 자연스럽게 행해졌던 것입니다.

오늘날 몽골은 서구화되고 개방적인 문화가 유입되면서 과거와 같은 노출장이 일반화되고 있지는 않지만 여전히 라마교의 영향과 유목 문화의 전통 속에서 나이가 든 노인들 가운데는 풍장을 소망하는 유언을 남기는 것으로 알려져 있습니다.

장례의 목적과 의미

형식은 다르지만 어느 민족에게나 시신을 처리하는 방식으로써의 장례문화가 있다는 사실을 통해 그 속에 그것을 가능하게 만드는 인간 본래의 심성들이 내재되어 있는 것을 알 수 있습니다. 즉 장례문화는 달라도 장례문화 속에는 환경과 세계관에 따라 떠나보내는 사람이 가질 법한 상실에서 오는 슬픔과, 죽음이라는 미지의 세계로 떠나는 사람이 가질법한 두려움과 같은 인간 본연의 마음들이 담겨 있습니다. 이것을 우리는 시대를 초월해서 모든 장례문화에 내재된 고유한 성격 안에서 더 자세히 볼 수 있습니다.

첫째, 장례문화 안에는 환송의 의미가 내포되어 있습니다. 장례문화를 이해하는 방법으로 환송에는 두 가지 뜻 의미가 있습니다. 하나는 떠나보내는 것을 기뻐하는 의미를 가진 환송歡送이 있고, 다른 하나는 단순히 떠나보냄의 의미가 아니라, 원래 가야할 곳으로 돌려보낸다는 뜻의 환송還送이 있습니다.

한국 프로리그에서 뛰던 류현진 선수를 미국 메이저리그로 보낼 때 우리는 그의 성공을 기원하며 기쁜 마음으로 환송歡送을 했던 적이 있습니다. 그렇다면 죽은 이를 과연 기쁘게 떠나보낼 수 있을까요? 만약 죽음의 길이 본래 가야하는 운명적인 것이라는 인식이 있다면 가능할 것입니다.

기독교인들의 장례식을 보면 두 가지 의미의 환송이 모두 나타나고 있음을 볼 수 있습니다. 인간에게 생명을 주신 분도 하나님이시고 생명을 거둬 가시는 분도 하나님이라는 고백 속에서 기독교인은 하나님의 뜻 가운데 세상에 보내어졌고, 죽음을 통해 다시 보내신 이의 곁으로 돌아가야 하는 때가 있음을 인식하고 있습니다. 그런데 죽음 이후 가는 곳이 천국이라면 당연히 기쁜 마음으로 보낼 수 있는 것입니다. 그래서 기독교인의 장례식을 알리는 문구 가운데는 '천국환송예배'라는 말을 쓰기도 합니다.

한국의 전통적인 장례문화 역시 '환송'의 의미가 있지만, 떠나는 자를 위로하고 격려하는 성격이 두드러집니다. 죽음의 세계에 대해 우리는 잘 알지 못합니다. 미지의 세계로 가는 사람들이 가질 수 있는 두려움이 망자亡者에게도 있을 거라고 생각하기에 한국의 전통장례식에는 망자에게 용기를 북돋워주려는 뜻이 나타납니다.

먼저 죽은 이를 위한 상차림부터가 예사롭지 않습니다. 원 없이 먹고 갈 수 있도록 좋은 음식들로 한 상을 차립니다. 그리고 아는 사람들을 불러 모아 인사를 시키고, 때로는 관 속에 저승에 가서 쓸 노잣돈도 넣어줍니다.

가만히 보면 군대 가는 젊은이의 환송식과 비슷하다는 생각이 듭니다. 대충 군대라는 곳이 어떻다는 얘기는 들었지만 아는 사람 없이 혼자서 가야 하는 곳, 낯설고 험할 것 같은 미지의 세계로 가야하는 입대자의 마음은 두렵기만 합니다. 그래서 훈련소 문을 들어가기 전에 친구들을 모아 당분간 군대에서는 맛볼 수 없는 음식과 술을 나누며 함께 노래하고 격려하는 말을 나눕니다. 멀리 떠나는 사람의 불안하고 두려운 마음을 헤아려 죽은 이에게 용기를 주고자하는 속 깊은 뜻이 우리 장례문화에 담겨 있는 것입니다.

둘째, 장례문화에서는 내세로 가는 죽은 이의 안전을 기원하는 마음이 발견됩니다. 실제로 장례식에서는 죽은 이가 편안하게 새로운 세상에서의 삶을 살 수 있도록 소망하는 마음들이 행위로 곧잘 나타납니다.

불교의 경우 임종 때부터 장례식장 안에서 스님이 독경을 하는 모습을 볼 수 있습니다. 죽기 전에는 마음의 흐트러짐 없이 생을 잘 정리할 수 있도록 도울 뿐만 아니라 궁극적으로 극락왕생極樂往生을 도우려는 목적이 담겨 있습니다.

기독교인들은 장례 기간 중 예배를 통해 하나님이 죽은 이의 영혼을 천국으로 인도하시고, 죽은 이가 천국에서 예수님과 기쁨이 충만한 삶을 살 것을 소망하는 기도를 드리기도 합니다.

한국의 전통장례식에서도 죽은 이의 안전과 평안을 도모하려는 의지들이 곳곳에서 드러납니다. 보통 장례를 치르는 집 대문에는 '근조'謹弔라고 쓴 노란색 등을 달아놓습니다. 그리고 그 밑에는 '사자상'使者床이라 하여 죽은 이를 저승길로 안내할 저승사자들을 위한 밥상이 차려집니다. 지역마다 약간의 차이가 있지만, 사자상에 차려진 메뉴를 보면 사발 위로 넘치게 담은 흰쌀밥에 간장이 담긴 작은 종지 그릇과 짚신 그리고 엽전 혹은 약간의 지폐가 놓인 것을 볼 수 있습니다. 흰쌀밥과 짚신은 멀리 저승에서 온 저승사자들이 허기를 달래고, 또 갈아 신고 갈 신을 준비해 둔 것이고, 엽전은 죽은 이를 잘 모시고 가라는 뜻으로 일종의 뇌물의 성격을 지니고 있습니다.

그중, 죽은 이를 편안하게 모시고 가라는 뜻으로 차려진 밥상에 간장이 올라간 것은 의외의 일입니다. 좋은 반찬도 많을 텐데 왜 하필이면 간장일까요? 그것은 배고픈 저승사자들이 짠 간장을 반찬삼아 밥을 먹을 경우, 저승 가는 길에 분명 목이 타기 마련입니다. 그러면 물을 찾아 마시기 위해 쉬게 될 것입니다. 즉 저승사자들이 물을 마시기 위해 자꾸 멈추게 되면 죽은 이가 그 바람에 천천히 쉬면서 편안하게 갈 수 있을 거라는 소박한 바람에서 우리 조상들은 사자상에 간장을 놓았던 것입니다.

셋째, 장례식은 살아 있는 사람들의 정신적 위안을 얻는 방편이 됩니다. 죽은 사람을 잘 보내는 것도 중요하지만 남아 있는 사람은 앞으로도 정상적으로 삶을 영위할 필요가 있습니다. 가족과 사별할 때 받는 충격과 스트레스는 이루 말할 수 없이 큽니다. 이 때 장례절차를 밟아 진행하는 일은 상실로부터 오는 충격을 분산시키는 효과가 있습니다. 가족이 죽었다고 해서 모든 것에 손을 놓고 망연자실 누워 있을 수만은 없는 일입니다.

장례식을 거행하려면 많은 준비와 수고가 필요합니다. 부고를 작성하고, 음식을 장만하여 조문객들을 맞을 준비를 해야 하는 등 어디서 어떻게 장례를 치러야 하는지에 대한 생각들은 죽음과 상실의 충격보다 더 큰 현실의 필요와 중요성을 느끼게 합니다. 특히 장례식 때 온 조문객들의 위로는 흔히 상실로부터 오는 외로움을 극복하게 하는 힘으로 작용하기도 합니다. 조문객들과 나누는 대화를 통해 죽은 이에 대한 많은 생각과 감정들이 정리가 되고, 죽음으로 인한 고통이 나만의 것이 아니라 우리 모두에게 일어나는 일임을 깨달을 수 있습니다. 이것은 곧 자신의 상태를 객관화할 수 있는 시간을 갖는 일이며, 장례식이 죽은 이 뿐만 아니라 산 사람들에게도 유익이 된다는 사실을 보여 줍니다.

넷째, 장례식은 산 사람과 죽은 사람과의 관계를 새롭게 정립定立시켜 줍니다. 이것은 정신적으로나 의식 rite 이 갖는 중요한 역할이기도 합니다. 장례식을 치르지 않는다고 해서 법적으로 문제가 되는 것은 아닙니다. 결혼식을 치르지 않고도 혼인신고를 할 수 있고 결혼생활을 하는데 아무 문제가 없듯이, 장례식이 없이도 사망신고를 할 수 있고 이에 따라 매장이나 화장이 얼마든지 가능합니다.

그러나 정신적인 측면에서는 다릅니다. 의식은 우리의 경험과 사고를 바르게 세워주기도 하며, 내면세계를 정돈하고 정리하면서 외부적으로는 자신의 존재를 인정받게 하는 역할을 하기 때문입니다.

죽은 이에 대한 아쉬움과 미안함을 해소해서 바른 관계를 만드는 것도 장례식에서 이루어지는 일입니다. 장례식을 통해 사람들은 죽은 이에 대한 가족이나 부모 혹은 자식으로서의 역할을 온전히 수행할 수 있는 마지막 기회를 얻게 되는 것입니다.

또한 장례를 통해 산 사람은 죽은 이가 더 이상 세상에 없는 존재란 사실을 인정하게 됩니다. 죽은 이 또한 장례 절차를 통해 자신이 세상 사람이 아니라는 것을 각인시켜서 세상일에 관여하지 않고, 오직 저 세상 사람으로서만 살아가도록 확인하게 되는 것입니다.

제대로 장례를 치르지 못한 혼령이 귀신이 되어 집안을 떠도는 이야기는 비록 납량특집 시리즈에서나 나올 법한 괴담이지만, 이런 이야기 속에는 저승에 갈 사람은 장례를 통해 완전히 죽은 이의 세상으로 옮겨져야만 살아 있는 사람들이 평안하다는 생각이 담겨 있습니다.

벨기에 출신의 유명한 프랑스 인류학자인 아놀드 반 겐넵Arnold van Gennep의 명저인 《통과의례》通過儀禮, Les rites de passage는 이것을 가장 잘 설명해 줄 수 있는 학문적 근거가 됩니다. '통과의례'란 인간의 모든 문화 안에서 발견되는 공통된 의식으로 연령이나 신분, 상태, 장소 등의 전이 단계에서 행해지는 의례들을 말합니다. 우리나라 식으로 말하자면 관혼상제冠婚喪祭가 여기에 해당합니다.

이 책의 영문판 《Rites de passage》에서 솔론 킴볼Solon T. Kimbol은 발문跋文을 통해 반 겐넵의 통과의례에 대해 이렇게 말합니다.

반 겐넵이 통과의례라고 불렸던, 개인들의 '인생 고비 life crises'에 수반되는 의식儀式의 분석은 그의 독특한 공헌이다. 이러한 의식과 관련된 활동들을 의식의 질서와 내용을 따라 분석해 보면 세 가지의 중요 국면, 즉 분리分離, separation 와 전이轉移, marge, 그리고 통합統合, agregation 으로 나눌 수 있음을 그는 지적하고 있다.

A. 반 겐넵 저, 전경수 옮김, 통과의례, 을유문화사, 1995

반 겐넵의 통과의례를 보다 더 세밀히 나누면 '분리의례' rites of separation 와 '전이의례' transition rites 그리고 '통합의례' rites of incorporation 로 나누게 됩니다.

분리의례는 장례식에서 뚜렷하게 나타나는 반면에 통합의례는 결혼식에서 선명하게 볼 수 있습니다. 약혼식이나 입사식은 전이의례의 성격이 강합니다. 중요한 것은 분리와 전이 그리고 통합이라는 요소가 하나의 통과의례 안에서도 드러난다는 점입니다.

예를 들어 우리가 주변에서 보는 흔한 결혼식 순서에서도 신부의 아버지가 신랑에게 신부의 손을 넘겨주는 의식은 '분리'에 해당하고, 신랑과 신부가 손을 잡고 주례사를 듣고 성혼선언문을 낭독하는 과정은 '전이'가 되며, 서로에게 반지를 끼워주고 내빈께 인사하는 등의 후반부 순서는 '통합의례'에 해당한다고 볼 수 있습니다.

전통장례식의 경우 발상發喪 과 발인發靷은 통과의례의 세 가지 특징을 구별하게 하는 분기점 역할을 한다고 볼 수 있습니다. 정식으로 장례식을 알리는 발상 이전의 의례인 임종이나 죽음을 확인하는 속광 그리고 떠나는 죽은 이의 이름을 부르는 고복皐復 또는 초혼招魂 의례 등은 삶으로부터의 '분리'를 확인시켜 줍니다.

발상 이후 조문을 받고 시신을 씻기고 옷을 입히고 단정하게 시신을 묶는 염습殮襲과 저 세상 가서 잘 사시라고 입에 찹쌀을 넣는 반함飯含 등 시신을 매장지로 운구할 수 있도록 준비하는 하는 과정은 '전이'에 해당합니다.

그리고 발인 이후 노제를 지내고 매장을 한 후 영정을 모셔오는 반혼返魂의 과정 등은 '통합의례'를 보여 주는 것입니다. 그러나 전통적인 유교에서는 3년 상을 치른 후에야 장례가 완결된다고 보기 때문에 통합의 시점을 더 늦은 때로 보기도 합니다.

장례식을 통과의례의 관점에서 보자면 그것은 분리의식이 분명합니다. 장례식은 인생의 새로운 단계나 고비를 넘길 때마다 정신적으로 안정되고, 실제의 삶에서도 안전을 바라는 통과의례를 필요로 하는 욕구가 개입되었다고 볼 수 있습니다.

죽음과
종교

3 죽음과 한국 종교

한국인의 죽음관을 형성하는데 있어서 전통적인 무교와 불교, 그리고 유교는 상호 교섭하면서 막대한 영향을 끼쳐 왔고, 최근에는 기독교가 한국종교문화의 중요한 축으로 작용하면서 서구적인 죽음관도 한국인들에게 나름대로 큰 영향을 끼치고 있습니다.

그러나 종교적인 측면뿐만 아니라 한국인이 가진 고유의 심성이나 역사 그리고 지리적 여건 등 환경적인 요인도 또한 한국인의 죽음관에 영향을 주었다고 볼 수 있습니다.

따라서 한국인의 죽음관을 이야기하는 일은 한국인의 심성 깊은 곳에 뿌리박힌 문화의 원형을 발견하는 일인 동시에 현대 사회를 살아가는 한국인의 정체성을 드러냄으로써 자신을 잘 이해하고 앞으로의 삶을 살아가는데 유익한 판단을 내리도록 도울 수 있는 것입니다.

죽음에 대한 한국인의 태도

한국죽음학회장을 역임한 최준식 교수는 그의 책 《임종준비》에서 한국인이 갖고 있는 죽음의 태도를 세 가지로 정리했습니다.

첫째는 '외면'입니다. 이것은 마치 인간에게 죽음이란 영화 속에서나 일어나는 일일 뿐 자신의 인생과는 전혀 상관이 없는 듯 살아가는 태도를 말합니다. 이 세상을 삶을 전부로 여기며 부나 명예 등과 같은 세속적 가치에 충실하게 살아가는 사람들에게서 나타나는 자세가 바로 죽음의 외면입니다.

둘째는 '부정'입니다. 일종의 죽음을 금기시하는 태도를 말합니다. 자동차 번호판에 4자가 들어가는 것을 피하고, 아파트 층수에서도 4층을 빼버리는가 하면 죽음을 언급하는 것조차 회피합니다. 이것은 죽음에 대한 두려움에 대한 심리가 깊이 배어있을 때 나타나는 현상입니다. 죽음을 떠올릴 수 있는 그 어떤 것도 보거나 말하지 않습니다.

셋째는 '혐오'입니다. 화장장이 동네 가까이 들어서는 것을 한국인들은 별로 좋아하지 않습니다. 좋아하지 않는 정도가 아니라 화장장은 쓰레기 처리장과 같은 혐오시설로 여겨지고 있습니다. 겉으로는 집값이 떨어진다고 주장하지만 그 속내는 죽음에 대한 혐오심리가 자리하고 있는 것입니다.

자신과 가족들도 언젠가는 장례를 치를 수밖에 없으면서도 남의 죽음에 대해서는 부정적으로 여기는 태도가 이미 오래 전부터 한국인들에게 있었던 것입니다. 상가집에 다녀온 후 집 앞에 소금을 뿌리는 행위가 지금까지도 남아 있는 걸 보면 죽음에 대한 한국인의 심리가 대단히 부정적이라는 것을 알 수 있습니다. 그래서 옛 속담에도 '개똥밭에 굴러도 이승이 저승보다 낫다'라는 말이 있지 않습니까? 이것은 죽음에 대한 한국인의 부정적 정서를 표현하는 뜻입니다.

한국인의 죽음관은 한국인 고유의 '한'恨과 '정'情이라는 정서와 맞물려 발전해 왔다고 할 수 있습니다. 한국인의 죽음관 안에서 '한'이 부조리한 죽음이 일으킬 수 있는 왜곡된 정서라면, '정'은 그럼에도 일상적 삶과 관계를 유지시키는 역설의 미학을 말합니다. 즉 한국인은 같은 대상에 대해 미운 정과 고운 정을 함께 가질 수 있듯이 죽음을 바라보는 관점에서 한의 정서와 정의 정서가 복합적으로 작용하게 되는 것입니다.

우리의 구전가요 "시집살이 노래"로 알려진 "진주낭군가"晉州郎君歌 혹은 "진주난봉가"를 보면 한국인의 죽음관을 형성하는데 한과 정이 어떻게 작용하는지를 알 수 있습니다. 지역마다 조금씩 다르지만 대략적으로 이런 가사로 부릅니다.

> 울도 담도 없는 집에서 시집살이 삼년 만에
> 시어머니 하시는 말씀 얘야 아가 며늘 아가
> 진주낭군 오실 터이니 진주 남강 빨래 가라
> 진주 남강 빨래가니 산도 좋고 물도 좋아
> 우당탕탕 두들기는데 난데없는 말굽소리
> 곁눈으로 힐끗 보니 하늘같은 갓을 쓰고
> 구름 같은 말을 타고서 못 본듯이 지나더라

흰 빨래는 희게 빨고 검은 빨래 검게 빨아

집이라고 돌아오니 사랑방이 소요하다

시어머니 하시는 말씀 얘야 아가 며늘 아가

진주낭군 오시었으니 사랑방에 들어가라

사랑방에 올라보니 아홉 가지 술을 놓고

기생첩을 옆에 끼고서 권주가를 부르더라

건너방에 내려와서 아홉 가지 약을 먹고

비단 석 자 베어내어 목을 매어 죽었더라

진주낭군 이 말 듣고 버선발로 뛰어 나와

너 이럴 줄 내 몰랐다 사랑 사랑 내 사랑아

화류객 정 삼년이요 본댁 정은 백년인데

너 이럴 줄 내 몰랐다 사랑 사랑 내 사랑아

너는 죽어 꽃이 되고 나는 죽어 나비 되어

푸른 청산 찾아가서는 천년만년 살고지고

어화 둥둥 내 사랑아 어화 둥둥 내 사랑아 어화 둥둥 내 사랑아

　　요즘 사람들은 이 가사 내용을 이해하기 힘들지 모릅니다. 가부
장적인 사회에서 희생당하는 여성의 모습으로만 이해될 가능성이 높
습니다. 가난한 집에 시집와서 남편만 바라보며 뒷바라지 했던 아내가
결국 남편에게 배신당해서 자살하고 만다는 내용이지만, 그 안에는
한국인만이 가진 특유의 정서인 한과 정이 배어 있고, 또한 그것이 한
국인의 죽음관을 형성하는데 매우 긴요하게 작용할 수 있음을 알 수

있습니다.

먼저 아내의 죽음에 묻어 있는 한의 정서입니다. 한을 일으키는 배경은 순수한 열정이 외부의 배신으로 좌절되는 상황에서 발생합니다. 아내는 가난한 집에 시집와서 호된 시집살이를 참으면서 오직 남편이 성공하기만을 바라며 사는 인생임을 알 수 있습니다. 그러나 과거에 급제해서 성공하고 돌아온 남편의 모습은 딴 사람이었던 것입니다. 아내 대신 기생첩을 옆에 두고 권주가를 부르는 남편에게서 아내는 배신감을 느끼고 끝내 자살하고 맙니다.

이것은 한 개인의 특별한 상황을 노래했다기보다는 한국인들이 살아온 역사 가운데서 느꼈을 법한 억울한 죽음, 혹은 한 많은 죽음에 대한 상징성을 말한다고 볼 수 있습니다.

한민족은 역사 이래로 전쟁에 준하는 외세의 침략 횟수가 무려 900번이 넘었습니다. 힘없는 백성들은 스스로를 책임지기에는 너무도 버거운 역사의 현실을 통과해 온 것입니다. 소박한 행복을 꿈꾸지만 잘못한 일 없이 권력과 외세의 힘에 농락당한 채 한민족이 맞이해 온 죽음이란 한恨 많은 죽음일 수밖에 없습니다. 따라서 한국의 장례문화는 죽은 이의 마음을 달래고 위로하는데 큰 관심을 기울이는 것을 알 수 있습니다.

"진주낭군가"의 흥미로운 점은 남편의 태도입니다. 아내의 죽음에 대한 자신의 과오를 뉘우치기보다는 놀라고 안타까운 심정을 드러내는 것으로 그칩니다. 왜냐하면 다른 여성과 놀아난 것이 곧 아내에 대한 사랑의 실종으로 보고 있지 않은 까닭입니다. 이것을 남편은 '화류객 정과 본댁 정'으로 나누어 말합니다. 화류객 정이 일시적 사랑이라면 본댁 정은 아내에 대한 영원한 사랑을 뜻하기 때문입니다. 따라서 죽은 아내와 지금은 비록 이승과 저승 간에 떨어져 있어도 죽어서 다시 만날 것을 기약하는 노랫말이 제시될 수 있는 것입니다.

여기서 정은 부조리한 현실을 넘어서서 여전히 지속되는 관계의 고리를 의미합니다. 남편의 과오에 따른 아내의 자살은 분명 부조리한 죽음입니다. 그런데 죽어서 꽃과 나비로 만날 것을 노래하는 것은 한의 이편에 자리 잡은 정이 살아 있기 때문입니다.

한恨만을 가지고 산다면 불행하기 그지없는 민족이 되겠지만, 정情으로 인해 한민족은 상처받은 스스로를 고립에 빠뜨리지 않을 뿐만 아니라 죽음 이후의 삶에 대한 기대를 잃지 않을 수 있었던 것입니다.

유교의 죽음관

이은봉 교수는 그의 저서 ≪한국인의 죽음관≫에서 한국인의 죽음관의 특징으로 세 가지를 들었습니다.

첫째는 '유교 중심의 혼합적 죽음관'이고 둘째는 '공동체 확인' 그리고 셋째는 '생사자生死者 간의 유기적 관계 강조'입니다. 그러나 이 세 가지는 유교 문화라는 커다란 그늘 아래에서 죽음을 이해할 때 납득할 수 있는 사항들입니다.

한국인의 죽음관에 영향을 준 유교 문화를 말할 때 빠질 수 없는 것은 제사 문제입니다. 유교의 죽음관에 나타난 효사상을 비롯한 대를 잇기 위해 결혼을 하고 남자 아이에 집착하는 것 등은 모두 제사와 관련지어 이해될 수 있습니다.

먼저 제사를 지내는 이유에 대해 살펴보면, 조상의 기氣는 죽은 후 흩어져 없어져도 자손이 정성을 다해 공경하는 마음이 있으면 감격하여 제사를 받을 수 있다는 생각이 있기 때문입니다.

유교는 다른 종교에 비해서 내세관이 불분명한 특징을 가지고 있습니다. 사람이 죽으면 생존에 가장 중요한 조건을 형성했던 기가 몸으로부터 나와 흩어진다고 생각했던 것입니다. '그러면 그 기는 우주 어디로 가는가?' 이런 문제에 대해서, 즉 죽음 이후의 세계에 대해서 유교는 정확한 답을 가지고 있지 못합니다. 왜냐하면 유교는 내세보다는 현세에 더 큰 관심을 가지고 있는 현세중심적 종교인 까닭입니다.

기독교의 경우 인간이 죽으면 천국이나 지옥에 갈 수 있다고 믿고 있고, 불교 역시 극락과 해탈을 말함으로써 죽음 이후 인간이 갈 수 있는 분명한 방향을 제시합니다만 유교는 그것이 불분명합니다.

대신 죽은 조상과 살아 있는 후손이 깊은 유대 관계를 맺고 있는 까닭에 어떻게 보면 죽은 조상은 후손을 통해 삶이 지속된다고도 볼 수 있습니다. 이것은 생물학적으로도 매우 흥미로운 얘기입니다. 죽은 조상과 후손은 유전적으로 닮아 있습니다. 후손의 얼굴 안에는 조상의 얼굴이 담겨 있는 셈입니다. 따라서 조상들은 죽은 이후의 어떤 삶을 추구하기보다는 자신과 유전적으로 닮은 후손의 삶을 통해 죽은 이후의 삶이 지속될 수 있다고 보는 것입니다.

제사를 지내는 두 번째 이유는 자손과 교통하는 통로이기 때문입니다. 돌아가신 부모님의 기제사는 보통 자정에 지냅니다. 동양 사상에서 자정은 음기와 양기가 균형을 이루는 시각으로 조상의 기운이 가장 활동하기에 적합한 시간으로 보고 있습니다. 조상을 모시는 제사는 상례 의식의 축소판입니다. 영정이나 신주를 모시고 상에 일정한 절차를 밟아 음식을 진열하고 예를 표하기 위해 절을 하게 됩니다.

유교에서 예를 표한다는 것은 단순한 마음가짐의 상태만을 의미하는 것이 아니라 법도와 절차를 통해 드러내야 하는 일입니다. 만일 제대로 조상에게 예를 표하는 제사를 지내지 못한다면 그것은 인간의 도리를 저버리는 것에 해당됩니다.

이것은 일종의 감응사상感應思想을 의미하는 일이기도 합니다. 조상을 극진히 모시면 자손이 번성한다는 생각의 근원이 여기서 나오는 것입니다. 따라서 유교 문화권에서 성장한 사람들은 자손이 잘 되기 위해서는 제사를 잘 지내야 할 뿐만 아니라 조상의 묘자리를 쓰는 것도 매우 중요할 수밖에 없었습니다.

셋째, 제사를 지내는 이유는 인간 존재의 뿌리 됨을 확인하는 것입니다. 가족의 공동체성이 지금보다 더욱 강했던 과거에 제사는 가족을 모으고 가족의 정체성을 확인하는 시간으로 작용했습니다. 다시 말해서 같은 조상 같은 성씨를 가진 혈연 중심의 유대 관계가 형성되고 확인받는 일이 제사를 통해 이루어지는 것입니다. 이것은 유교 사회에서 성공적인 사회활동을 하는데 제사를 같이 지내는 조상이 있다는 것은 대단히 큰 힘으로 작용할 수 있음을 보여 주는 일입니다.

추상적인 사상은 그 자체로 오래갈 수 없습니다. 비록 유교는 성리학에 기반을 둔 내세관이 불분명해도 현세를 살아가는데 필요한 역할을 할 수 있었기 때문에, 효 중심의 유교적 세계관이 조선 사회 오백 년 동안 막강한 영향을 끼칠 수 있었던 것입니다.

불교의 죽음관

불교 역시 유교 못지않게 한국인의 죽음관에 영향을 주어 왔습니다. 조선 사회의 국가 이념이 유교였고 조선 시대의 불교가 여러 모양으로 탄압을 받았음에도 불구하고 살아남을 수 있었던 까닭은 불교는 유교가 하지 못했던 현실 세계의 고통과 죽음을 해석하는 원리를 제공해 주었기 때문입니다.

예를 들어 3대 독자가 물에 빠져 죽었을 때 그 슬픔은 어느 세계관을 가진 사람이나 같을 수 있지만, 현실의 삶을 지속시키려면 부조리한 죽음으로부터 오는 고통을 해석하는 원리를 가지고 있어야 합니다. 조선 사회에서 유교는 자식을 낳는 것의 의미와 역할을 설명할 수는 있어도 자식의 갑작스런 죽음을 이해하기 위해서는 불교나 민속신앙의 도움을 빌릴 수밖에 없었습니다.

불교가 제공하는 죽음관의 핵심은 고통을 중심으로 보는 세계관과 윤회사상에 기반을 두고 있습니다. 불교에도 많은 종파가 있지만 그 종파를 '불교'라는 이름으로 하나 되게 만드는 기본 교리는 사성제四聖諦, 4holy truths에 있습니다. 사성제는 가장 기초가 되는 불교의 가르침으로 석가가 직접 가르쳤는지는 논란이 있지만, 모든 학파가 가지는 공통된 불교의 기본 지식입니다.

사성제의 첫째는 '고'苦, dukkha입니다. 인생은 고통이며, 세상에 태어나는 모든 존재는 고통을 본질적으로 경험할 수밖에 없는 숙명임을 말합니다. 생로병사生老病死나 사랑하는 이와의 헤어짐, 미운 사람과의 만남, 구하여도 얻지 못하는 것 등 이 모든 인생의 욕망은 고통을 발생시킵니다. 이것은 심리적일 뿐만 아니라 인간과 모든 존재의 바탕이 무상화無常化되기 때문에 고통이 있을 수밖에 없는 것입니다.

이 고통은 사성제의 두 번째인 '집'集으로부터 나온 것입니다. 집착은 고의 원인이 됩니다. 세상에 영원한 것이 없음에도 불구하고 변하고 사라지는 무상한 것에 집착하다 보니 고통이 생긴다고 보는 것입니다. 집착이 없으면 고통도 없습니다. 곧 사라지고 변하는 것에 집착하는 일은 고통만 따를 뿐, 참으로 어리석은 일이 아닐 수 없습니다.

따라서 인간의 고통을 멈추기 위해서는 '멸'滅에 힘을 써야 합니다. 멸이란 무지無知를 제거하는 것입니다. 괴로움의 원인이 되는 그 어떤 집착도 버리고 근본적으로 세상이 무상함을 깨달아 더 이상 세상이 아무것도 아니라는 바른 인식과 실천에 이르러야 하는 것입니다.

이 바른 실천의 핵심을 '팔정도'八正道라 하고, 이것을 통해 사성제의 네 번째인 도道,dharma에 이른 것이야말로 인생이 가야할 바른 길이라 말하고 있습니다.

불교 초기의 경전으로 석가모니의 가르침을 적은 '아함경'에는 죽음을 바라보는 석가모니의 생각을 담은 이야기가 전해지고 있습니다.

어느 날 파세나디波斯匿王왕은 나라 일로 성 밖에 나가 있는 동안 백 살에 가까운 왕의 모친이 병을 앓다 죽은 사건이 발생하게 됩니다. 다행히도 왕의 지혜로운 신하인 불사밀이 왕이 올 때 쯤 오백 마리의 코끼리와 말과 수레를 화려하게 장식하고, 수많은 보물과 기녀들을 실은 뒤 만장을 앞세워 귀부인의 장례 행렬인 양 꾸며서 성 밖으로 나갑니다. 이 광경을 본 파세나디왕은 귀부인의 목숨을 대신하기 위해 많은 재물과 심지어 기녀들을 바친다는 말을 듣고 왕은 껄껄 웃으면서 말합니다.

"그것은 다 어리석은 생각이다. 한번 악어 입에 들어가면 나올 수 없는 것, 생이 있는데 어찌 죽음이 없겠는가. 부처님께서도 한번 태어난 자는 반드시 죽는다고 말씀하셨거늘."

이때 불사밀은 왕 앞에 엎드려 이렇게 사실을 말합니다.

"대왕님, 말씀하신 바와 같이 모든 생명 있는 것은 반드시 다 죽는 법입니다. 너무 상심하지 마십시오. 태후께서 돌아가셨습니다."

왕은 이 말을 듣고 놀라며 깊은 한숨을 쉬고는 한참 말없이 있다가 입을 열었습니다.

"착하구나. 불사밀이여, 그대는 미묘한 방편으로 내 마음을 위로해 주는 구나. 그대는 참으로 좋은 방편을 알고 있다."

나중에 파세나디왕이 석가모니를 찾아가 이 모든 사실을 털어놓자 석가모니는 왕을 위로하며 말합니다.

"너무 슬퍼하지 마시오. 살아 있는 모든 목숨은 반드시 죽는 법입니다. 모든 것은 바뀌고 변하는 것 아무리 변하지 않게 하려 해도 그렇게 될 수는 없소. 마치 질그릇은 그대로 구운 것이건 약을 발라 구운 것이건, 언젠가 한번은 부서지고 마는 것과 같소. 네 가지 두려움이 몸에 닥치면 그것은 막을 수 없는 것이오. 그 네 가지란, 늙음과 질병과 죽음과 무상이오. 이것은 그 어떤 힘으로도 막아낼 수 없소. 마치 큰 산이 무너져 사방에 덮쳐누르면 아무리 발버둥 쳐도 빠져나올 수 없는 것과 같소. 견고하지 못한 것은 아예 믿을 것이 못되오. 그러므로 법으로 다스려 교화하고 법이 아닌 것을 쓰지 마시오. 법으로 다스려 교화하면 그 몸이 무너지고 목숨이 끝난 뒤에 천상에 태어나지만, 법 아닌 것으로 다스리면 죽은 뒤에는 지옥에 떨어질 것이오."

증일아함 사의단품, 增一阿含 四意斷品

석가모니는 죽음을 불가피한 현실로써 철저하게 인식해야 됨을 말하고 있습니다.

그런데 우리가 불교의 죽음관을 생각할 때 꼭 잊지 말아야 할 것은 윤회사상輪回思想입니다. 윤회란 수레바퀴가 돌듯 삶과 죽음이 거듭 반복되는 것을 말합니다. 사람이 윤회에서 벗어나지 못한다는 사실은 인생을 고통으로 보는 불교의 세계관에 비추어 보면 결코 좋은 것이 아닙니다. 왜냐하면 불교가 추구하는 삶의 목표는 윤회의 사슬에서 벗어나 해탈의 경지에 오르는 것, 즉 다시 태어나지 않는 것입니다.

불교에서 인간의 탄생이란 전생의 업業에 의한 결과입니다. 그래도 사람으로 태어난 것은 잘된 일입니다. 어떻게 살았느냐에 따라 다음 생이 결정되는 까닭에 선업善業을 쌓으면 좋은 곳에 태어나고, 만일 악업惡業을 짓는다면 참혹한 형벌의 세계에서 고통을 받게 됩니다.

불교는 사람이 깨달음을 얻어 해탈에 이르지 못한다면 각자의 업에 따라 육도六道, 즉 여섯 가지 세계 가운데 한곳에 태어난다고 말합니다. 육도 가운데 가장 최하급으로 나쁜 곳은 지옥이며, 그 다음이 아귀, 동물의 세계인 축생 그리고 모든 훌륭한 일을 방해하는 아수라, 인간과 천상의 세계인 하늘이 가장 좋은 곳입니다.

그러나 육도는 영원히 거하는 곳이 아니라 업의 정도에 따라 임시로 머무는 곳에 불과합니다. 즉 우리가 흔히 '극락'이라 말하는 천상의 세계도 선업을 쌓은 사람이 가는 곳이지만, 영원하지는 않으며 언젠가는 다른 세상으로 태어나야 하는 것입니다.

이것이 불교의 극락이 기독교의 천국과 결정적으로 다른 점입니다. 기독교의 천국은 하나님과 영원히 복락을 누리는 곳으로 기독교인들이 추구하는 인생의 목표로 인식되고 있지만, 불교 수행자의 인생 목표는 극락왕생에 있지 않고 깨달음을 얻어 해탈에 이르는 것에 있습니다.

영화 〈축제〉에 나타난 한국인의 죽음관

임권택 감독의 영화 〈축제〉1996는 한국의 전통적인 장례문화의 특징을 고스란히 담아낸 수작입니다. 주인공인 소설가 이준섭안성기이 치매로 고생하시다 돌아가신 어머니의 장례식을 치르는 광경을 실제 남도의 전통적인 장례식에 참석한 느낌이 들도록 사실적이면서 차분하게 그려냈습니다. 이 영화가 한국인의 전통적 죽음관을 드러내는 방식은 주목할 만한 세 가지 형식에 있습니다.

첫째는 남도의 장례식 절차를 마치 교육용 다큐멘터리를 찍듯이 자막을 입혀가며, 때로는 극중 배우의 대사를 통해서 친절하게 해설하고 있는 점입니다. 한국의 전통적 장례식을 직접 본 적이 없는 상당수의 현대인들, 특히 젊은이들에게는 한국의 전통문화뿐만 아니라 조상들이 가지고 있었던 죽음에 대한 이해를 엿볼 수 있는 자료적 가치를 제공하고 있습니다.

특히 유교적 세계관에 바탕을 둔 장례식을 설명하는 대목은 이 영화가 시청각 교육을 훌륭히 수행하고 있음을 보여 줍니다. 영화에 등장하는 조문객들이 나누는 이야기에는 유교와 한국의 전통장례식과의 관계를 명쾌하게 설명하는 장면이 있습니다.

> "유교는 하나의 생활계율이자 학문인 셈이야. 그 세계관에서 유일하게 인정되는 신이 죽은 조상이야. 살아서의 효는 계율이지만, 죽어서의 효는 종교적 개념이 되는 거지. 그러니 그 효가 얼마나 크고 엄숙한 것이야."

> "우리 장례의 복잡한 의식도 현세적 존경의 대상의 사람을 종교적 신앙의 대상으로 이전시키는 유교적 방식인 셈이지. 제사는 종교적 효의 형식이고 장례는 그중 가장 진지한 효도인 셈이야."

둘째는 임권택 감독의 독특한 편집 양식인 플래시백flashback, 과거로의 회상 장면 등을 위해 순간적으로 장면을 전환하는 기법 구조 속에 동화를 삽입하여 어머니의 죽음이 가족에게 어떤 의미와 역할을 하게 되는지를 깨닫게 해 주는 부분입니다.

　이청준 원작의 동화 "할미꽃은 봄을 세는 술래란다"의 이야기가 액자 형식으로 영화 중간 중간에 삽입되어 할머니의 죽음과 가족^{특히} 손녀에 대한 사랑과의 관계를 조망하도록 돕고 있습니다. 이준섭의 딸 은지가 할머니의 키가 줄어드는 것에 대한 질문을 하고, 이에 대한 아버지의 대답 형식으로 구성된 이 동화는 유교 문화가 갖고 있는 현세적 내세관을 반영합니다.

　'현세적 내세관'이란 죽은 이가 구체적으로 가는 내세에 대한 분명한 존재와 인식을 바탕으로 죽음관을 형성하고 있기 보다는, 가족과 같은 혈연관계에 의해 낳은 자식의 삶을 통해 죽은 이의 삶이 영속될 수 있다고 믿는 것입니다. 즉 산 자와 죽은 자 사이에는 눈에 보이지 않는 끈으로 연결되어 있으며, 제사를 통해서 교감이 지속될 수 있었습니다.

　영화에 등장하는 "할미꽃은 봄을 세는 술래란다"라는 동화에서 할머니는 날이 갈수록 키가 작아지다가 결국 애기가 되고 소멸에 이르는데, 그 이유를 동화는 '할머니가 은지에게 나이와 지혜를 모두 나눠주어 아기가 돼서 다시 태어나게 된다'는 것으로 설명하고 있습니다. 이를 통해 할머니의 삶과 혈연으로 맺어진 손녀의 삶이 연계되어 있는 유교의 가족주의적이며 공동체적 의식을 드러내 보이고 있는 것입니다.

　셋째는 장례식을 다룬 영화의 제목이 〈축제〉란 점에서 한국인들이 가진 죽음에 대한 양면적 가치를 발견할 수 있습니다. 분명 노모^{老母}의 죽음은 슬픈 일이지만, 5년이 넘도록 치매를 앓는 바람에 가족들의 근심의 대상이었다는 점과 비교적 장수하신 일은 노모의 죽음이 비극이라기보다는 인생 여정의 한 부분을 통과했다는 안도감이 교차하는 것을 볼 수 있습니다. 즉 치매에 걸린 시어머니 때문에 집에 불이 날 뻔하고, 집을 못 찾는 시어머니를 찾아 밤새 산을 뒤지고 다닌 경험이 있는 준섭의 형수 입장에서는 마음 한구석 홀가분함과 '그래도 잘해 드렸으면 좋았을 것'이라고 생각하며 안타깝게 여기는 애석함이 함께 있는 것입니다.

한국의 장례식을 축제의 관점에서 조명한 감독의 시각은 한국인이 가진 죽음에 대한 역설을 잘 보여 줍니다. 상실에 대한 격정적 슬픔을 표현하는 곡哭이 있는가 하면, 술과 고기를 나누고 가족과 친지들이 함께 모여 밤을 새며 노는 흥興의 요소도 함께 내재해 있기 때문입니다.

특히 영화의 중심 갈등 요소인 용순오정혜과 가족 간의 불화가 마지막 부분에서 해소됨으로써 집안 어른의 죽음이 가족의 평안과 연계되어 진정한 축제의 의미를 발산시키는 것입니다.

인류학적인 관점에서 축제란 신과 인간이 만나는 성속합일聖俗合一의 현장인 동시에 사회학적으로는 갈등을 극복하고 사회통합을 이루는 역할을 하고 있음을 우리는 오랜 전통문화들 안에서 발견해 왔습니다.

영화 〈축제〉는 장례식이 인간의 죽음을 상실에 따른 비탄의 의식으로만 가득찬 시공간이 아니라, 한 인간이 삶의 여정 가운데 반드시 겪어야 하는 통과의례의 성격이 있음을 밝히고 있는 것입니다.

4 죽음과 예술

인간은 예술을 통해 죽음에 대한 해석과 어떻게든 죽음을 극복하려는 의지를 전개시켜 왔습니다. 이집트 문화가 피라미드의 건축양식과 다양한 치장예술을 통해 발전할 수 있었던 것은 죽음을 넘어 영생에 다다르려는 의지가 만들어낸 결과입니다.

기독교 예술 역시 마찬가지입니다. 부활과 심판 그리고 예수님을 믿는 자들은 천국에서 영생한다는 죽음관은 장묘 문화뿐만 아니라 회화나 조각 등의 다양한 예술 작품들을 탄생시키는 결과를 낳기도 했습니다. 죽음에 대한 역설적 이해 가운데는 뜻밖에도 예술 분야를 탄생, 발전시킨 원동력이 다름 아닌 죽음이라는 사실도 포함됩니다.

예술은 왜 죽음을 다룰까?

예술은 죽음을 극복하려는 인간의 노력 가운데서 나왔다고 볼 수 있습니다. 의학의 성인으로 알려진 히포크라테스가 남긴 '인생은 짧고 예술은 길다'라는 명언은 죽음과 예술과의 관계를 이해하는데 매우 중요한 단서가 됩니다.

히포크라테스가 말한 '예술'은 우리가 말하고자 하는 회화나 조각 같은 순수 미술Fine Art이라기보다는 기술적인 것을 의미한다는 것이 전문가들의 해석입니다. 그러나 '화가는 죽더라도 그 그림은 남아있다'고 보는 것과 같은 일반적인 해석에 준해서 적용했을 때도 이는 매우 큰 의미를 줍니다. 즉 죽음의 한계성에 대한 도전 의식이 예술의 탄생과 발전에 중요한 역할을 했다고 보는 것입니다.

죽음의 관점에서 봤을 때 예술은 네 가지 기능을 갖고 있습니다.

첫째는 주술적 기능입니다. 1879년 스페인 북부 알타미라 동굴에서 발견된 벽화는 구석기 시대에 살던 사람들이 그린 벽화로 추정되는, 이 세상에서 가장 오래된 예술 작품입니다. 들소나 사슴, 멧돼지 등이 입체적으로 묘사된 이 그림은 사냥감을 많이 잡을 수 있기를 기원하는 주술적 용도로 그려진 것으로 보고 있습니다. 마찬가지로 고대로 올라갈수록 예술은 주술성을 갖는 경우가 많습니다.

이집트 사람들이 죽으면 관에 함께 넣는 《사자의 서》Book of the Dead에는 이집트 사람들이 죽으면 경험하게 될 심판과 영생에 대한 메시지들이 그림으로 묘사되어 있습니다. 파피루스에 입혀진 그림과 상형문자들은 이집트 미술의 독특한 예술성을 보여 줍니다. 그런데 이 '사자의 서'의 가장 중요한 용도는 죽은 이가 부활과 영생을 얻을 수 있도록 기원하는 주술성을 담아주는 역할입니다.

우리나라의 고분벽화에도 주술성이 담겨 있습니다. 죽은 자가 살던 현실의 삶을 표현하기도 하지만 아울러 죽은 자가 내세에서 재현되기 원하는 삶을 살 수 있도록 기원하는 의미도 갖고 있습니다.

둘째는 교육적 또는 교화적 기능입니다. 교육이 정보와 사실을 효과적으로 가르치는 것이라면, 교화 edification 는 사회의 가치를 전달하여 이상적 인간의 삶을 제시하고 따르도록 만드는 것을 말합니다. 사회에서 용납할 수 없는 잘못된 인식이나 행동을 하는 사람을 교육을 통해 변화시키려는 의도는 교화적이라고 말할 수 있습니다.

예술이 죽음을 다루는 이유 가운데 하나는 죽음이 어떤 것이며, 그 이후의 세계에 대해서도 분명 무엇인가를 가르치려는 교육적 의도가 내포되어 있는 것이 사실입니다. 그러나 그것은 내세를 교육하기 위한 방편만이 아니라, 현세에서 잘못된 삶을 사는 사람들에게 어떤 삶을 사는 것이 바람직한 지에 대해 말하고자 하는 교화적 의미도 함께 들어 있는 것입니다.

헤르만 후고 Herman Hugo, 1659 의 '경건한 기도' Pia desideria 란 작품을 본 적이 있을 겁니다. 생각하듯 왼 손을 턱에 괴고 앉아 있는 해골 속에 작은 사람이 두 손을 모으고 간절한 기도를 드리는 모습이 그려진 그림입니다. 해골 뒤로 앙상한 가지의 나무 한그루가 서 있고 주변은 어둡고 무거운 분위기입니다. 이 작품은 죽음을 주제로 한 예술이 갖는 가장 중요한 본질을 제시하고 있습니다. 그것은 '죽음을 생각하라' memento mori 는 교훈입니다. 기독교 사상이 지배하던 서양의 분위기를 생각할 때 '죽음을 생각하는 일'은 어쩌면 가장 지혜로운 삶을 사는 방법일지도 모릅니다. 세상의 모든 가치를 제로 상태로 만드는 죽음 앞에서 마치 영원히 살 수 있을 것처럼 세상 가치에 연연하는 것은 가장 미련한 모습으로 비춰질 수도 있습니다.

'경건한 기도'가 만든 사회 속에서 죽음을 대하는 자세는 죽음을 회피하기 위해 온갖 최첨단 의료기술에 의지하는 오늘날의 태도와는 분명 달랐을 것입니다. 진중권은 그의 책 ≪춤추는 죽음≫에서 이렇게 설명하고 있습니다.

> 중세 초기의 사람들은 죽음을 두려움 없이 태연하게 맞았다. 우리 현대인이 죽음에 대해 보이는 거의 히스테리에 가까운 공포와 거부감에 비하면 너무나 대조적이다. 십자가에서 죽은 예수가 부활함으로써 죽음 승리를 거둔 이후, 죽음이 천국으로 들어가는 문으로 여겨졌기 때문이리라.
>
> 진중권, 춤추는 죽음1, 세종서적, 2008

죽음의 예술은 때로는 그것을 경험하는 사람들에게 의식이나 행동변화를 일으킬 만큼 강렬한 것일 수 있음을 기억해야 합니다. 장자크 아노 감독의 〈장미의 이름〉1986은 14세기 초 중세 수도원을 배경으로 살인 사건의 미스터리를 푸는 움베르토 에코의 동명 소설을 영화화한 작품입니다. 이 영화에 등장하는 이탈리아의 베네딕트 수도원에는 천국과 지옥을 회화로 그린 방들을 보여 줍니다. 천국을 묘사한 방에서는 아름다운 천사와 낙원을 그려놓아 사람이 천국에 대한 꿈을 꾸고 그곳에 갈 수 있도록 신앙심을 북돋는 역할을 합니다.

한편 지옥을 묘사한 방에는 온갖 고통을 당하는 인물들과 괴기스러운 존재들의 모습을 통해 지옥의 무서움과 끔찍함을 인식시키는 한편, 죄를 지어서는 안된다는 마음의 다짐을 이끌어 내기도 합니다. 이처럼 예술의 경험은 어쩌면 진짜보다 더 강렬할 수도 있습니다.

셋째, 치유적인 기능입니다. 사람들은 주변인들의 죽음을 지켜보면서 상실감이나 두려움을 느낍니다. 이때 어떤 이들은 죽음을 다룬 예술 작품을 경험하게 되면서 죽음이 가져 온 분노나 두려움, 상실과 같은 부조화된 내면 세계가 회복되는 경험을 하기도 합니다.

죽음에 대한 이야기를 묘사하는 예술 작품을 감상하거나 제작하는 일을 통해 자신의 내면에 감춰진 부정적 심리를 투사하고, 죽음을 바르게 인식하는 과정을 겪으면서 치유에 이르게 되는 것입니다.

아리스토텔레스는 일찍이 모든 예술들은 치료의 형태를 띠고 있다고 말한 적이 있습니다. 사람들은 오랜 세월 동안 영화를 포함해서 음악이나 미술, 문학 등 예술을 체험하기 전과 후의 상태가 달라졌음을 수없이 경험해 왔습니다.

넷째, 오락의 기능입니다. 오락이란 즐거움을 얻는 것을 목표로 하는 것입니다.

프로이트는 인간이 살고자 하는 생존의 본능뿐만 아니라 죽음의 본능도 가지고 있다고 말합니다. 왜 인간은 전쟁을 벌이고 복수심을 불태우며 인간의 존재를 말살시키려고 하는지에 대해, 죽음도 인간이 가진 내재적 욕망 가운데 하나일 수 있음을 말하는 것입니다.

우리는 영화나 음악 같은 대중문화 속에 등장하는 수많은 죽음들을 프로이트가 말한 죽음의 본능을 드러내는 일과 연관지어 해석할 수도 있습니다. 우리는 예술 속에 등장하는 각양각색의 죽음의 이미지들을 수용하면서 감정의 고저가 일어나고 요동침을 느낍니다. 주인공의 죽음에 슬픔을 느끼지만 아울러 영웅들이 악당을 물리칠 때는 희열을 느끼기도 합니다.

이 오락적 기능에서 빠뜨릴 수 없는 것은 '사랑'입니다. 사랑은 죽음에 의미를 부여하며, 그 가치가 예술의 경험자에게 오래도록 머물게 만듭니다. 영화 〈타이타닉〉에서 남자 주인공의 죽음은 남녀 간의 사랑이 얼마나 절실하고 진실했는지를 보여 줍니다. 예술은 죽음에서 탄생했지만 사랑을 통해 완성되는 것임을 알 수 있습니다.

그러나 죽음을 다룬 예술이 하나의 특정 기능만을 제공하는 것이 아니라, 복합적인 역할을 해내기도 합니다. 즉 교훈만 주는 것이 아니라 재미도 있고, 삶의 깨달음도 제공해 준다는 것입니다. 촌철살인寸鐵殺人 같은 번득이는 인생의 지혜를 담은 불교의 불설비유경佛設譬喻經에는 다가오는 죽음을 제대로 인식하지 못하고, 쾌락에 빠져 살아가는 어리석은 인간의 모습을 비유한 재미있는 이야기가 있습니다.

한 나그네가 길을 가다 주변 사방에서 일어난 불길을 피해 도망치다가 그만 성난 코끼리에게 쫓기게 됩니다. 마침 커다란 웅덩이를 발견한 그는 웅덩이 안으로 뻗어 나온 나무뿌리를 잡고 몸을 숨기는데 성공합니다. 나무뿌리에 매달려 안심하고 있는 것도 잠깐, 웅덩이 네 귀통이에는 독사 네 마리가 혀를 날름거리고 있고, 웅덩이 밑바닥에는 용 한마리가 그가 떨어지기만을 기다리고 있었습니다. 오직 의지할 곳이라곤 매달린 나무뿌리밖에 없는데, 난데없이 흰 쥐와 검은 쥐가 나타나 나무뿌리를 갉아먹기 시작합니다. 그런데 그 와중에도 나그네는 뿌리 위쪽에서 벌꿀이 몇 방울씩 떨어지는 것을 발견하고는 그 단맛에 취해 자신이 절체절명의 위기에 있다는 사실을 잊고 있다는 이야기입니다.

이 이야기를 불교식대로 해석하면 나무뿌리에 매달린 나그네는 우리와 같은 중생을, 나무뿌리는 그 나무뿌리를 잡고 있는 나그네의 목숨을 뜻합니다. 또한 나무뿌리를 갉아먹는 흰 쥐와 검은 쥐는 낮과 밤을 형상화한 것으로 시간의 흐름을 상징하고, 용은 죽음을, 나그네가 받아먹고 있는 벌꿀은 세상의 쾌락과 욕망을 뜻하는 것입니다. 결국 언젠가는 죽을 수밖에 없는 인간이 자신의 처지를 망각한 채, 쾌락에 빠져 하루하루의 시간을 허비하며 살아가고 있는 어리석음을, 문학적 양식을 빌어 비유하고 있는 이야기입니다.

길가메시 서사시

현재 인류가 가지고 있는 가장 오래된 문학작품은 기원전 2천 년경쯤에 제작된 것으로 알려진 "길가메시 서사시"*Epic of Gilgamesh*입니다. 이 작품은 기원전 3천 년경에 있었던 수메르 남부의 도시 국가 우룩 Uruk 의 왕이었던 길가메시의 영웅적인 이야기를 점토판에 기록한 것입니다.

"길가메시 서사시"는 주인공인 영웅 길가메시가 어떤 인물인지를 소개하는 것으로 시작합니다.

> 지금부터 길가메시의 행적을 알리노라. 그는 모든 것을 알았고, 세상 모든 나라를 알았던 왕이다. 슬기로웠으며, 신비로운 사실을 보았고, 신들만 알던 비밀을 알아내었고, 홍수 전에 있었던 세상에 대해 우리에게 알려 주었도다. 그는 긴 여행 끝에 피곤하고 힘든 일에 지쳐 돌아와 쉬는 중에 이 모든 이야기를 돌 위에 새겼노라.
>
> N.K. 샌다아즈 해설, 이현주 역, 길가메시 서사시, 범우사, 1999

길가메시는 고대로부터 지금까지 우리가 갖고 있었던 영웅적 이미지의 원형을 지닌 인물입니다. 그는 신들에 의해 창조되었고, 아름다웠으며, 용기가 있을 뿐만 아니라 거대한 들소 같은 힘이 있어서 보통 사람들을 능가했습니다. 거기다 우룩의 왕으로서 세상 모든 것을 소유하기까지 한 인물입니다.

길가메시에게는 절친한 동료인, 신이 진흙으로 빚어 만든 엔키두 Enkidu 가 있었습니다. 엔키두는 순진한 인간이었지만 야성의 거친 성격을 소유한 자였습니다. 그런데 그는 향나무 숲의 산지기인 훔바바 Humbaba 가 친구인 길가메시에 대항해서 싸우자 그를 죽여 버렸고, 아울러 길가메시와 함께 인간 세상에 가뭄을 주는 역할을 하는 하늘황소마저 죽이게 됩니다. 이에 신들은 크게 화가 났고 끝내 엔키두는 신들에 의해 죽음을 맞이합니다.

길가메시의 모험은 여기서 시작됩니다. 그는 엔키두의 죽음으로 비탄에 빠지지만, 사람이 죽어야 하는 운명을 가진 존재라는 사실에 의문을 품고 영생의 비밀을 알기 위해 홍수에서 살아남은 유일한 생존자인 우트나피시팀 Utnapishtim 을 찾아 여행을 떠납니다. 그러나 고생 끝에 만난 그에게서 들은 대답은 '죽을 수밖에 없는 인간의 한계성'이었습니다.

> 영구불변하는 것은 없다. 영원히 남아 있을 수 있는 집을 지을 수 있을까? 형제들이 유산을 나누고 영원히 자기 것에 만족할 수 있겠는가? 강이 홍수를 견뎌 낼 수 있겠는가? 껍질을 벗고 눈부신 태양을 볼 수 있는 것은 잠자리의 요정뿐이다. 먼 옛날부터 영구불변하는 것은 아무것도 없었다. 잠든 자와 죽은 자, 그것은 얼마나 비슷한가! 그것들은 색칠한 죽음과 같다. 주인과 종이 운명을 다했을 때 둘 사이의 차이가 무엇인가? 재판관 아눈나키 Anunnaki 가 와서 운명의 어머니 맘메툰 Mammetun 과 함께 인간의 운명을 결정하였다. 삶과 죽음을 주었으나 죽음의 날짜는 밝히지 않았다.
>
> N.K. 샌다아즈 해설, 이현주 역, 길가메시 서사시, 범우사, 1999

길가메시는 결국 신들의 세계에 다다르지 못했고, 영생을 얻지도 못한 채 돌아가야 하는 신세가 되고 말았습니다. 대신 우트나피시

팀은 길가메시의 귀향 선물로 젊음을 회복시켜 주는 식물이 있는 곳을 알려 줍니다. 길가메시는 늙은이가 다시 젊어지게 하는 이 식물을 얻는 데에 성공하지만 그마저도 그만 뱀에게 **빼앗기고** 맙니다. 그리고 길가메시는 백성들이 슬퍼하는 가운데 눈을 감습니다.

이 "길가메시 서사시"를 영문으로 판독한 런던 대학의 여류 고고학자 N.K.샌다아즈 N.K.Sandars 는 이 작품이 지닌 가치를 이렇게 설명합니다.

> 이 서사시는 세계적인 문학 작품으로써도 충분한 가치가 있다. 호메로스의 서사시보다 적어도 1천 5백 년이나 앞선 것이라는 사실은 차치하더라도 시 자체가 지닌 내용과 그 특성으로도 충분한 가치가 있다. 그것은 모험과 도덕, 비극의 종합 작품이기 때문이다. 이 서사시를 통해 우리는 도덕을 추구하고 지식을 탐구하며 또한 일반적인 운명에서 탈피해 보려는 인간의 모습을 발견한다. 죽지 않는 신에게는 비극이 있을 수 없다. 길가메시가 최초의 인간 영웅은 아니더라도, 그가 모든 것을 안 최초의 비극적 영웅임은 사실이다. 그는 우리와 가장 친근했던 자였다. 그는 삶과 지식을 추구하는 개인의 모습을 보여 주고 있으며 이러한 추구는 언젠가는 비극이란 결론에 이른다는 사실도 보여 주고 있다.
>
> N.K. 샌다아즈 해설, 이현주 역, 길가메시 서사시, 범우사, 1999

정리하면 "길가메시 서사시"와 같은 인류가 소장한 가장 오래된 문학 작품에서 발견된 지식은 결국 '죽음에 대한 것'이라는 사실입니다. 이 서사시와 같은 고대의 신화나 설화는 대개 인간의 본질에 대한 질문을 하고 그에 대한 답을 내놓는 경우가 많습니다. "길가메시 서사시"의 경우도 마찬가지입니다.

첫째, 인간은 죽을 수밖에 없는 운명임이 여실히 드러납니다. '신은 영원한데 왜 인간은 죽을 수밖에 없는가?'라는 의문은 길가메시가 모험을 떠난 이유가 되었습니다. 인간이 신과 다른 점은 '죽음'에 있으며, 그 죽음은 결코 변할 수 없는 인간 고유의 본질이라는 것을 고대의 사람들도 알고 있었던 것입니다.

둘째, 이 서사시는 죽음의 운명에 도전하는 과정에서 얻게 된 지혜가 인간의 삶을 풍성하게 만든다는 사실을 보여 줍니다. 인간은 수동적으로 죽음을 기다리는 존재가 아닙니다. 길가메시는 친구 엔키두의 죽음에 슬퍼만 한 것이 아니라, 죽음에 대한 의문을 품고 모험을 떠났습니다. 인간이 죽음을 극복하고자 하는 노력이 길가메시가 신들이 가지고 있었던 비밀스러운 지식을 알게 한 것처럼 인간의 문명을 확대 발전시키는 역할을 하게 된 것입니다.

한국의 장례문화는 죽음을 승화시킨 종합예술입니다

한국의 장례문화는 죽음을 애도哀悼의 예술로 승화시킨 하나의 종합적인 퍼포먼스입니다. 전통장례식의 경우 노래와 춤 그리고 연극과 미술의 요소가 총체적으로 집약되어 있습니다. '만가'輓歌와 '상여'喪輿의 부속물로 알려진 꼭두는 한국적 장례 미학을 보여 주는 좋은 예입니다.

'만가'는 흔히 '상여소리'로 알려져 있습니다. 상여소리는 죽은 이의 시신을 담은 관을 운반체인 상여에 싣고 매장지로 갈 때 부르는 노래입니다. 만가는 한국의 전통적 농촌 사회의 협동문화를 반영하기도 합니다. 지금은 완전히 자취를 감췄지만, 과거에는 마을에 초상이 나면 상여를 매고 만가를 부르는 소리꾼 조직이 하나씩은 있었다고 합니다.

고된 노동을 이겨내기 위해 농요農謠를 부르며 의미와 즐거움을 찾았던 한국인의 예술적 기질이 만가에도 반영되었다고 생각할 수 있습니다. 왜냐하면 상가喪家와 장지葬地가 멀리 떨어져 있을 뿐만 아니라, 상여를 매고 험한 산길을 가야하는 상여꾼들에게 만가는 힘든 수고를 덜어주는 역할을 톡톡히 했기 때문입니다.

만가는 요령을 손에 든 요령잡이를 선창자로 앞에 내세우고, 상여꾼들이 뒤를 따르면서 후렴구를 부르는 구조입니다. 요령잡이는 '메기는 소리'를 하고 상여꾼들은 '받는 소리'를 한다고 보면 됩니다. 만가의 내용은 지역마다 조금씩 차이를 보이지만, 대개 죽은 이를 떠나보내는 이별의 한과 정서를 담고 있고, 아울러 저승에서의 편안한 삶을 기원하는 내용도 포함하고 있습니다.

민족문화대백과사전을 보면 메기는 소리에는 '북망산천이 머다더니 내 집 앞이 북망일세'나 '이제가면 언제 오나 오실 날이 일러주오', '무정하네 무정하네 염라대왕이 무정하네' 등의 가사가 일반적으로 쓰이고, 받는 소리에는 '너허 너허 너화 너 너이 가지 넘자 너화 너' 혹은 '에헤 에헤에에 너화 넘자 너화 너' 등의 노랫말이 많이 사용되는 것으로 기록되어 있습니다.

흥미로운 점은 불행한 죽음이 아닌 호상好喪인 경우, '상여놀이'라 하여 출상 전날 밤에 상여꾼들이 빈 상여를 메고 죽은 이의 자녀나 친척, 친구 집 등을 춤을 추면서 돌아다니고 노는 행사를 한다는 사실입니다. 상여놀이를 통해 상여꾼들은 다음 날 상여를 메고 장지까지 가는 예행연습을 하는 시간으로도 삼지만, 죽은 이의 인품이나 공덕을 기리고 때로는 유언을 전하는 시간을 갖는 것이기도 합니다.

상여와 꼭두는 한국인이 가진 죽음의 미학을 잘 드러내고 있습니다. 상여의 기능은 시신을 장지까지 운반하는 도구의 역할에 있지만, 그 의미는 새로운 세상으로 보내는 아름다운 환송의 메시지를 담고 있습니다.

상여는 근본적으로 가마의 구조에 여러 모양의 꽃과 장식품으로 치장한 형태를 띠고 있어서 마치 처녀가 시집갈 때 타고 가는 가마의 모습을 재현한 듯 보입니다. 이것은 근본적으로 장례식이 결혼식과 마찬가지로 통과의례의 성격을 지니고 있음을 보여 주는 것입니다. 즉 시집오는 여성은 이제부터 신랑의 집으로 옮겨와 살아야 하듯이, 죽은 이는 이 세상이 아닌 저 세상으로 옮겨져 새로운 삶을 살게 되는 것입니다.

또 하나 인상적인 사실은 상여는 대개 화려하게 치장되는데, 가난하고 어렵게 산 사람일수록 그 화려함이 더 크다는 것입니다. 이 세상에서 누리지 못한 호사스러움에 대한 한을 풀어주려는 의도가 엿보이는 부분입니다. 미국의 경우 아무리 가난한 사람도 한 번은 리무진을 탄다고 하는데 그 순간이 바로 장례식인 경우와 비슷합니다. 미국 장례식에서 운구용으로 사용하는 차는 보통 사람들이 타볼 수 없는 값비싼 리무진인 까닭입니다. 살았을 때의 아쉬움과 안타까움을 어떻게든 장례식에서 보전하려는 생각은 동서양이 같다고 볼 수 있습니다.

상여가 지니는 죽음의 미학적 요소는 '꼭두'에도 있습니다. 꼭두란 상여에 딸린 부속물로써 사람 모양이나 동식물의 형상을 나무로 만든 조각상으로 목우木偶라고도 부릅니다. 꼭두는 '꼭두새벽'이나 '꼭두머리'와 같이 제일 윗부분을 가리키는 용어로 사용된 걸로 봐서, 시간과 공간의 경계를 의미하는 것으로 해석할 수 있습니다. 따라서 죽은 이가 저 세상을 떠나는 상여에 꼭두가 붙어 있다는 것은 이 세상과 저 세상의 경계에서 현실과 초월의 양쪽 세계를 연결하는 존재로 읽혀질 수 있습니다.

서울에 있는 '꼭두박물관'의 안내문에 따르면 '꼭두'는 '힘든 길을 가고 있는 이와 동행하는 존재이자, 그와 함께 즐거움과 고통을 나누고 있는 존재'로 묘사하고 있습니다. 사람 모양의 꼭두를 자세히 살펴보면 이 말뜻에 공감할 수 있습니다. 저승길 동행자로서의 꼭두는 일차적으로 죽은 이를 안전하게 호송하는 안내자나 호위무사 혹은 시중드는 사람으로 표현되어 있습니다. 이것은 고관대작들이 먼 길을 행차할 때 누릴 법한 대접을 받는 것과 유사합니다.

죽은 이가 나쁜 영향을 받지 않도록 무서운 표정을 한 꼭두가 있는가 하면, 양반 집 가문에서 볼 수 있는 시중드는 여성노비를 연상하게 하는 꼭두도 있습니다. 그러나 가장 눈에 띄는 꼭두는 즐겁게 노는 모습의 꼭두입니다. 이 꼭두들은 춤을 추거나 악기를 연주하는 광대의 자세를 취하고 있거나, 해학적이고 재미있는 얼굴 표정을 하고 있습니다. 꼭두가 죽은 이의 동행자라는 점을 생각하면 지금 이 꼭두들은 죽은 이와 함께하며 그를 즐겁게 해 주고 있는 것입니다.

이것은 한국의 장례문화에 나타난 예술성이 죽음이 가져오는 불안과 두려움을 이기는 해독제의 역할을 할 뿐만 아니라, 저승에서의 행복한 삶을 기원하고 바라는 내세관을 반영하고 있는 것입니다.

이처럼 한국의 전통장례식이 갖춘 종합적인 예술성을 돌아볼 때, 오늘날 도시의 병원에서 치러지는 현대인의 장례식은 멋이 없고 초라하다는 생각이 들기까지 합니다. 물론 바쁘고 합리성과 효율성을 추구하는 현대에서 과거처럼 복잡하고 까다로운 장례 의식 절차를 밟을 필요까지는 없겠지만, 그래도 죽은 이에 대해 기억할 수 있는 것이 아무것도 없는 장례식은 메말라있는 지금 이 시대의 우리 삶을 드러내고 있는 것 같아 진한 아쉬움이 남습니다. 이것은 결혼식도 마찬가지입니다.

한국에서 통과의례는 너무 간소화되어 버려서 지금까지 살아 온 인생과 앞으로 살아갈 인생을 숙고할 만한 여유를 주지 않습니다. 우리는 정말 멋진 결혼식 같은 장례식을 치를 수는 없는 것일까요?

죽음의 심리학자로 널리 알려진 엘리자베스 퀴블러 로스 Elizabeth Kubler Ross 여사는 자신이 연구한 죽음에 대한 생각을 자신의 장례식을 통해 실천한 것으로 유명합니다. 퀴블러 로스 박사는 자녀들에게 자신의 장례식을 댄스파티로 열어 줄 것을 요청했습니다. 초청된 조문객들은 검은 예복 차림이 아니라 화려한 파티의상을 입고 장례식에 모여 즐거운 음악에 춤을 추며 놀고 갈 수 있기를 바랐습니다. 왜냐하면 퀴블러 로스 박사가 연구한 결과 '죽음이란 인생의 단절이 아니라 성장을 위한 과정'이라는 결론에 도달했기 때문입니다.

집안의 어린 아이들이 키가 크고 지혜가 자라는 것을 보는 일은 기쁜 일이지 결코 슬픈 일이 될 수 없습니다. 인간에게 죽음이란, 마치 나비가 누에의 상태를 벗고 하늘 높이 나는 일과 같다는 것이 퀴블러 로스 박사의 생각이었습니다. 그래서 장례식 때 그녀는 자신의 관 뚜껑을 여는 순간, 관에서 나비들이 하늘로 날아가는 퍼포먼스를 펼치기도 했습니다. 훗날, 혹은 머지않아 있을 우리의 장례식은 어떤 모습이면 좋을까요?

현대인은 이미지를 통해 죽음을 배웁니다

우리는 죽음을 어디서 배울까요? 전통적으로 한국인들은 가족이나 친척 그리고 이웃의 죽음을 지켜보면서 '죽음은 이런 것이구나!'라는 생각을 가졌습니다. 그러나 점차 핵가족화가 되고 대부분의 장례식을 집이 아닌 병원에서 치르는 현대인들은 점점 죽음을 직접 지켜보는 일이 적어지고 있습니다. 특히 젊은 사람들 가운데 가족이나 친인척의 임종을 지켜본 경험이 있는 사람은 매우 드뭅니다. 그럼에도 불구하고 현대인들은 매일 같이 죽음을 보며 살아가고 있습니다.

TV나 영화 속에는 사랑과 더불어 항상 죽음이 등장합니다. 멜로드라마나 공포 영화, 액션물 가릴 것 없이 우리는 늘 죽음을 지켜보며 살고 있는 것입니다. 죽음에 대한 오해는 여기서부터 일어날 수 있습니다. 우리가 미디어를 통해 봐 온 죽음이 사실이고 현실이라고 착각하며, 미디어로부터 획득한 죽음의 이미지를 안고 살아가게 된 것입니다.

죽음은 이미지를 통해 인간에게 상상력을 불어 넣습니다. 아무도 죽음의 실체를 온전히 인식할 수 없기 때문에 사람들은 이미지를 통해 죽음을 말하며, 죽음을 인식하게 됩니다.

이미지의 철학적 연구로 유명한 레지스 드브레 Regis Debray는 '예술이 장례에서 태어나며, 죽음의 재촉에 따라 죽음 직후에 재탄생한다는 것은 분명한 사실'이라고 말합니다. 그의 말에 따르면 역사에 나타난 이미지의 시작은 죽음과 깊이 결부되어 있음을 알게 됩니다. 장례식을 치르는 과정에서 보여 주는 여러 의례들의 모습과 고대의 무덤이나 벽화에 새겨진 그림이미지들은 단순히 죽은 이에 대한 애도 뿐만 아니라, 그가 겪게 될 죽음의 현상에 대한 이해와 소망을 표현하고 있습니다.

한국의 전통적인 장례식을 보면 꽃상여를 만들고, 상여는 죽은 이를 애도하는 만가輓歌를 부르며 장지를 향해 가는 것을 볼 수 있습니다. 꽃상여의 화려한 장식과 인생을 돌아보게 하는 구성진 노래는 죽음이 만들어낸 예술적 퍼포먼스라 하지 않을 수 없습니다.

흥미로운 점은 이미지가 죽음에서 나온다고 했을 때, 그 중요한 목적이 바로 '죽음에 대한 극복의 의지'라는 사실입니다. 프랑스의 대문호 앙드레 말로는 '모든 예술의 본질은 죽음과의 투쟁이다'라는 말을 남겼습니다. 죽음의 운명을 피할 수 있는 사람은 아무도 없습니다. 그러나 인간은 죽음을 예술의 경지 안으로 승화시키고 해석하는 과정 안에서 어떻게든 죽음이 주는 상실과 슬픔, 공포와 두려움을 이겨

냈던 것입니다.

레지스 드브레의 말을 다시 빌리자면 '이미지는 죽음과 시간 앞에서 느끼는 불안을 형체화한 것'이며, '이미지화 작용은 결국 시간에 대한 해독작용이다'라고 말할 수 있습니다. 해독제란, 독을 중화시켜 본래의 상태로 만드는 작용을 합니다. 죽음이 인간에게 가져다 준 치명적인 해악인 '불안'을 인간은 이미지화 작용을 통해 해소하고, 또한 다른 사람들이 불안해하지 않도록 하는 사전 예방교육용 도구로 사용해 왔습니다. 따라서 후대의 사람은 앞선 사람들이 만든 죽음에 대한 이미지를 통해 미리 죽음과 죽은 자를 이해할 수 있었던 것입니다. 결국은 죽음의 이미지를 통해 산 자는 죽은 자를 이해할 수 있게 되었습니다.

오락 영화에 나타난 죽음의 모습

현대 사회에서 대중을 상대로 한 오락 영화는 죽음에 대한 이미지가 미디어에서 어떻게 왜곡되어 나타나고 있는가를 보여 주는 가장 좋은 예입니다. 죽음을 공부하는 과정에 있어서 오락적 성격이 강한 영화에 등장하는 죽음의 모습을 관찰하고 분석하는 일은 매우 중요합니다. 왜냐하면 미디어에서 보이는 죽음에 대한 왜곡이 궁극적으로 인간 생명에 대한 잘못된 이해로 나타나, 생명을 경시하거나 파괴하는 것에 대한 문제의식을 전혀 느끼지 못하게 할 수 있기 때문입니다.

최근 몇 년간 흥행에 성공한 한국 영화들에서 나타난 죽음의 이미지는 다섯 가지의 특징을 보이고 있습니다.

첫째는 죽음의 이미지가 대단히 가볍거나 혹은 그 반대로 매우 참혹한 것으로 묘사되고 있는 점입니다. 가벼움과 참혹함은 얼핏 보기에는 서로 상반된 성격을 가진 어휘처럼 들리지만, 오락영상물에 나타나는 이 둘은 상업적 용도로 이미지를 만들어 파는 사람들에게 수용자에게 쉽게 즐거움을 주고자 하는 목표를 위해 꼭 필요한 동반자 같은 요소로 사용됩니다.

1994년 이탈리아의 유명 의류 브랜드인 베네통 Benetton 이 전사한 크로아티아군 병사의 피로 얼룩진 셔츠를 담은 광고를 내보낸 것은 충격의 이미지가 주는 상업적 효과를 기대했기 때문이었습니다. 그 이후로도 베네통은 '사형 선고'라는 문구와 함께 미국에 7개 주에 수감된 사형수의 사진과 실명, 죄명 등 인적 사항과 함께 사형 방법 등을 나열하는 등 충격적 이미지 전략을 광고에 썼던 회사로 유명합니다.

〈좋은 놈, 나쁜 놈, 이상한 놈〉2009 같은 웨스턴 스타일의 영화에서 총잡이들에게 죽임을 당하는 인물들을 볼 때, 우리는 죽음의 이미지가 주는 부담감을 전혀 느끼지 못합니다. 그런 영화에서 죽음은 새털처럼 가볍게 느껴지기 때문입니다. 반대로 〈추격자〉2009 에서 연쇄살인범에게 붙잡힌 여성이 잠시 도망치는데 성공하는 듯했지만 부주의한 동네 상점주인 때문에 참혹하게 살해당하는 장면은 극적 긴장감을 고조시켜 극적 재미를 활성화시켰습니다.

사지절단과 같은 참혹한 죽음의 이미지는 이미 '하드고어' Hard-Gore 라는 하나의 영화장르로써 자리 잡고 있습니다. '호러물'과 마찬가지로 이 장르는 잔혹한 고통이 수반되는 죽음의 이미지를 생성시켜서 관객을 끌어 모으고 있는 것입니다.

영화에 따라서는 가벼움과 참혹함이 함께 등장하기도 합니다. 쿠앤틴 타란티노 Quentin Tarantino 감독의 영화 〈킬 빌〉Kill Bill에서 브라이드 우마 서먼가 오렌 이시 루시 리우의 야쿠자 조직과 벌이는 한판 승부는 가벼움과 참혹함이 절묘하게 결합되어 관객들이 현실적이고 본질적인 죽음에 대한 인식을 잊게 만드는 이미지라 할 수 있습니다. 칼날이 번쩍일 때마다 기세등등했던 남성 야쿠자들은 추풍낙엽처럼 쓰러졌고, 몸에서 피가 분수처럼 내뿜는 효과와 어울려 죽음의 이미지가 잔혹하면서도 가벼운 즐길 거리가 될 수 있음을 보여 주었습니다.

즉 우리가 현실에서 맞이하는 죽음이 한 인생의 마지막이며 궁극적 최후인 것을 생각해 볼 때, 오락 영화 속 죽음이 갖는 가벼움의 이미지는 다분히 인위적입니다. 우리는 장례식장에 갈 때마다 대부분의 죽음이 얼마나 사람들의 마음을 무겁게 만드는지를 잘 알고 있습니다. 그렇다고 하드고어 영화 같은 참혹한 이미지를 간직한 채 장례식장을 나서는 사람이 과연 얼마나 될까요?

또 하나, 여기서 가벼움이란 생명 가치의 왜곡을 의미하기도 합니다. 즉 죽는 일이 별로 중요하지 않다는 뜻으로 인식된다는 점입니다. 특별히 주인공의 죽음을 깊이 조명하지 않는다면 오락 영화에서 죽음은 단지 소모되는 이미지로써의 역할만을 수행할 뿐입니다. 이것은 한두 명의 스타로 영화를 진행하는 영화의 구조가 지니는 한계일 수도 있지만, 죽음이라는 주제가 주는 현실적 무거움을 외면한 채 가벼운 오락거리로 상업적 이득을 취하려는 영화 산업의 특징에서 그 이유를 찾을 수 있습니다.

오늘날 영화는 실제적인 죽음을 중심 주제로 다루는 일을 회피한 채, 죽음을 매우 가볍게 다루고 있는 것이 엄연한 현실입니다.

둘째, 죽음의 이미지 속에는 '악인은 꼭 죽어야 한다'는 사고가 내재되어 있습니다. 악인에 대한 심판으로써의 죽음은 얼핏 생각하면 사회의 도덕률에도 적합한 듯 보입니다. 많은 사람들은 죄의 대가는 반드시 치러야 하며, 끔찍한 범죄자일수록 꼭 죽어야 한다고 생각하기 때문입니다. 이런 사고는 헐리우드의 대중영화들 사이에 전해져 내려오는 오래된 관습이었습니다. 그러나 여기에는 이원론적 사고와 심판사상을 가지고 있는 미국 기독교의 문화화된 사고가 한몫했다고 볼 수 있습니다.

미국 문화의 전형이라 볼 수 있는 서부 영화는 분명한 선과 악의 캐릭터 구조를 보이며 이야기를 끌고 나갑니다. 악인으로 규정된 캐릭터의 행위는 갈등을 일으키는 주요 원인으로 작용하고, 영화는 이를 통해 재미를 생산해 냅니다. 분명한 선악의 캐릭터는 관객들에게 심리적 부담을 덜어줍니다. 관객들은 선한 주인공의 편에 서기를 주저하지 않으며, 그가 악인에게 당하는 고통에 매우 안타까워하며 분노합니다. 또한 선한 주인공을 괴롭혔던 악당이 끝내는 죽음의 심판을 받기를 몹시 고대하고 있습니다.

이같이 단순한 선과 악의 이분법적 설정은 깊은 사고를 요구하지 않는 액션 영화에 매우 적합하게 사용되어 왔습니다. 오늘날 서부 영화가 제작되지 않는 이유 중 하나는 오늘날 이 시대는 백인을 선한 편에 세우고, 인디언을 악한 편에 세우는 이분법적 논리가 더 이상 통하지 않는 사회이기 때문입니다.

결국 우리는 영화를 통해 악인에 대한 심판과 그에 대한 응징의 결과로써의 죽음은 우리 사회의 규범적인 성격 안에서 수용될 수 있다는 사실을 다시 한 번 확인할 수 있습니다. 이것은 죽음의 이미지가 개인이나 집단의 가치관에 영향을 받고 있음을 보여 줍니다. 외형적인 죽음의 모습이 같다고 해도 죽은 사람의 살아 있을 때의 행동 양식이 무엇이었느냐에 따라서 전혀 다른 이미지를 창출해낼 수 있기 때문입니다.

예를 들어 교통사고로 인해 참혹한 죽음이 벌어지는 현장을 목격한다고 했을 때, 우리는 공을 줍기 위해 차도로 뛰어든 어린아이와 범죄를 저지르고 도망치다가 자동차에 치이는 사람에게는 매우 다른 시각으로 그 죽음을 바라볼 수밖에 없습니다.

이를 통해 죽음에 대한 묘사와 언급 그리고 그에 따라 파생된 죽음의 이미지가 모두 부정적일 수만은 없다는 사실을 말할 수 있습니다. '영웅적 죽음'이나 '의미 있는 죽음' 혹은 '남을 위해 희생하는 죽음'과 같이 사회에서 숭상하는 죽음의 이미지도 분명 존재합니다.

셋째, 오락 영화 속 죽음의 이미지에는 '복수도 아름다운 것일 수 있다'는 메시지가 담겨 있습니다. 복수는 죽음의 이미지를 도출시키는 데 개연성을 갖는 가장 타당한 이유가 됩니다. 내가 당한 만큼 상대방을 응징하는 것은 그 결과가 비록 죽음이라 할지라도 도덕적 비난을 쉽게 면할 수 있기 때문입니다.

영화 〈친구〉의 곽경택 감독과 안권태 감독의 공동작품이었던 〈눈에는 눈, 이에는 이〉2008는 제목부터가 관객들에게 복수의 정당성을 제시합니다. 안현민차승원이 현금수송 차량 강탈에 이어 밀수 금괴를 빼돌린 일 등은 모두 김현태송영창 회장 때문에 분신자살한 아버지의 복수를 위한 행동이었음이 밝혀집니다. 이런 복수의 정당성은 안현민이 분명 범죄를 저지르지만 그가 백반장의 도움으로 경찰에 체포되지 않고 유유히 사라지는 결말을 보여 주더라도 관객의 도덕적 비난을 피할 수 있는 이유가 되었습니다.

죽음의 이미지를 적나라하게 발산했던 복수극의 매력은 이미 박찬욱 감독의 '복수 3부극'을 통해서도 증명된 바 있습니다. 〈복수는 나의 것〉2001과, 〈올드 보이〉2003에 이어서 〈친절한 금자씨〉2005에 오면서 복수는 그 잔인성이 사회의 규범적 가치를 초월하여 영혼에 대한 속죄의 방법으로 발전하는 것을 볼 수 있습니다. 즉 복수가 종교적 차원으로 승화되는 모습을 보이기까지 한 것입니다.

〈친절한 금자씨〉에서 아이들을 유괴하고 살인한 백선생최민식에 대한 집단적 복수 살해 장면은 종교의식을 방불케 합니다. 그들은 일상생활을 영위하던 도시를 떠나 한적한 시골 폐교의 한 교실 한가운데 백선생을 묶어 놓고, 한사람씩 차례대로 잔인한 보복행위를 가합니다. 피가 튀지 않도록 우비를 입고 연장을 손에 들고 살해 방법에 대한 절차와 방법을 의논하고 들어가는 이들의 모습은 마치 신의 제단에 제물을 바치는 예식 행위를 연상시켰습니다. 죽은 아이들을 위한 속죄 행위로써 벌이는 백선생에 대한 그들의 복수는 이미 보복살인을 정당화하는 수준을 넘어서 경건한 예식 수준에 이르고 있었습니다.

넷째, 죽음은 부차적佛次的인 것임을 알 수 있습니다. 죽음 자체를 중심 주제로 다룬 영화를 찾기는 쉽지 않습니다. 즉 죽음 자체의 의미와 본질을 밝히기 위해 죽음의 이미지를 사용하는 영화는 그리 많지 않다는 것입니다.

우리 사회에서 죽음은 여전히 대화에 있어서 금기사항이며, 더군다나 흥행이 중요한 오락 영화의 특성상 죽음은 관객을 모으기 어려운 무거운 주제이기 때문입니다. 대신 죽음의 이미지는 상황을 설정하거나 주인공의 사랑이나 용기, 의리 등 다른 가치들을 표현하는 데 필요한 도구적 역할에 치우치고 있습니다.

영화 〈애자〉2009는 사고뭉치이자 애물단지인 스물아홉 살 먹은 딸과 괄괄한 성격의 엄마가 벌이는 일상사를 재미있게 엮은 영화입니다. 영화는 수의사였던 엄마가 시한부 인생을 선고 받고 살다가 끝내 스스로 안락사를 선택함으로써 극적인 연출을 시도했습니다. 평소 유기견의 안락사를 반대한 엄마가 안락사를 선택한 점은 자식에게 짐이 되고 싶지 않은 고집 센 엄마의 성격을 드러낸 일이었습니다. 딸인 애자가 이를 알면서도 묵인한 것은 엄마를 고통 속에서 그만 놓아주고 싶은 딸의 마지막 사랑일 수도 있습니다. 고즈넉한 산사를 배경으로 이루어진 엄마의 죽음의 이미지는 적어도 '자살'이라는 죽음의 한 현상에 대한 고찰을 위한 것은 아님을 알고 있습니다. 그것은 지금까지 제대로 표현하지 못했던 모녀의 사랑을 이해할 수 있도록 돕는 도구로 작용한 것입니다.

프란시스 포드 코폴라Francis Ford Coppola 감독의 영화 〈대부〉1972
는 죽음의 이미지를 종교적 이미지와 교차시킴으로써 가족에 대한 집
착과 뉴욕의 암흑가를 장악하려는 주인공의 욕망을 잘 보여 주었습니
다. 영화는 뉴욕을 움직인 5대 마피아 보스들을 차례로 살해하는 장
면과 주인공 마이클알 파치노의 어린 조카가 세례를 받는 장면을 교차
시킵니다.

즉 같은 시간에 세례와 살인 행위가 동시에 벌어지고 있었습니다.
이것은 곧 관객들이 가족적이며 성스러운 것을 머릿속 밑바탕에 깔면
서 그 위로 가장 추악하고 잔인한 행위를 바라보게 됩니다. 이율배반
적인 이 장면은 주인공의 가족에 대한 깊은 애착과 더불어 세상에서
가장 큰 도시를 지배하는 보스가 되기 위해 갖춰야 하는 냉혹하고 잔
인한 성향이 어떻게 발휘되는지를 보여 줍니다. 만일 유아 세례 장면
과 정적들을 살해하는 장면을 별도로 분리시켰다면 주인공의 성격은
그다지 두드러지게 나타나지 않았을 것입니다. 이것은 마치 검은색 글
씨가 하얀색 종이 위에서 더욱 더 검게 보이는 원리와 같은 것입니다.
이때 죽음의 이미지는 주인공의 캐릭터와 새롭게 펼쳐지는 상황을 설
명하는 도구로 사용되는 것을 알 수 있습니다.

〈좋은 놈, 나쁜 놈, 이상한 놈〉과 같은 웨스턴 성격의 영화나 〈엑
스맨〉 시리즈 같은 헐리우드 액션 영화에서는 셀 수 없이 많은 익명의
사망자들이 등장합니다. 이들은 주인공의 총알 세례를 받으며 말에서
떨어지는 액션 연기를 통해 시각적 효과를 돕는 도구의 역할을 합니
다. 마치 볼링 핀이 무참히 쓰러질수록 공을 던진 선수가 주목받는 이

치와 같습니다. 아무도 쓰러진 볼링 핀에는 관심을 갖지 않습니다. 분명 수많은 죽음이 존재하지만 관객들이 영화를 보며 죽음을 깊이 있게 생각하는 일은 일어나지 않게 됩니다.

다섯째, 죽음의 이미지는 '영웅은 사람을 죽일 줄 알아야 함'을 드러냅니다.

프랑스의 사회학자인 에드가 모랭의 저서 《스타》에 따르면 영화 속 영웅들은 신화적 이미지를 가지고 자신의 고유한 특성을 덧붙여 스타의 반열에 이른 사람들입니다. 그들은 보통 사람들이 할 수 없는 일들을 능수능란하게 해냄으로써 관객들에게 환상을 심어 줍니다. 사랑의 영웅이 있는가 하면 전쟁의 영웅도 있고 스포츠의 영웅도 있습니다. 그중 타인을 죽임으로써 등장하는 영웅들은 시간과 공간을 넘나들며 영화 안에서 지속적으로 나타납니다.

영화 〈강철중: 공공의 적 1-1〉²⁰⁰⁸에는 악당으로 묘사되는 '거성그룹'의 회장 '이원술'정재영이 조폭으로 키우는 고등학생들이 등장합니다. 그들은 조폭기업의 핵심 멤버가 되기 위해 살인을 저지르거나 조직을 대신해서 살인자가 되어 감옥에 가는 것을 매우 영광스럽게 생각합니다. 즉 살인을 저지르는 것은 곧 조직에서 영웅 대접을 받을 수 있는 가장 빠른 길임을 인식하고 있는 것입니다. 영화 끝에서 이 학생들의 생각이 얼마나 무모하고 허무한 것인지가 드러나지만, 그들은 조폭의 실체를 알고 조직에 들어간 것이 아니라, 검은 양복에 좋은 차를 타고 다니며 건들거리는 겉모습, 즉 이미지에 속은 것이었습니다.

그런데 이 영화 속 학생들이 살인을 저지르는 조폭을 우상시하는 모습은 오락 영화 속에서 악당들을 물리치고 개인과 사회를 지키는 영웅들에 대한 관객들의 반응과 크게 다르지 않습니다. 1988년부터 시작된 〈다이 하드〉 시리즈에 등장하는 존 맥클레인브루스 윌리스 형사의 활약은 테러리스트로 가장한 강도들을 물리치는 것이었지만, 객관적으로 말하자면 결국에는 혼자 여러 명의 악당을 죽임으로써 영웅이 되는 이야기라 할 수 있습니다.

그러나 가만히 생각해 보면 〈다이 하드〉에 등장한 영웅은 악에 대한 심판자 역할을 했고, 그 심판의 내용은 철저한 죽음의 응징만이 있었습니다. 미국과 세계를 구하는 영웅의 이미지는 서부 영화의 보안관과 암흑가를 다룬 느와르 영화의 형사 그리고 〈슈퍼맨〉이나 〈배트맨〉, 그리고 〈스파이더맨〉 같은 만화 캐릭터를 통해 이미 보편화된 영상문화의 하나로 자리 잡은지 오래되었지만, 블록버스터급의 헐리우드 액션 영화들 안에 나타난 영웅의 특징은 '남을 구하기'보다는 '악당을 죽이기' 쪽에 무게 중심이 더 실려 있다는 인상을 지울 수 없습니다.

현대 문화 속 죽음의 이미지에 대한 평가

죽음에 대해 가장 오랫동안 그리고 가장 많은 관심을 갖고 연구를 해 온 집단은 종교 조직이었습니다. 종교는 무엇보다도 한 개인이나 공동체의 궁극적 가치들을 추구하고 있는 까닭에 죽음의 문제를 근본적으로 그리고 심도 있게 다룰 수밖에 없습니다.

종교가 다루는 궁극적 관심은 신神이나 절대자 혹은 우주의 원리

등으로 보일 수도 있지만, 그 근원에는 '인간은 결국 죽는다'라는 현실에 대한 인식이 자리 잡고 있습니다. 따라서 '죽음의 이미지'가 갖는 왜곡된 성격을 파악할 때는 죽음의 현실과 더불어 종교에서 바라본 시각을 대입시켜 판단하는 것도 꽤 의미 있는 일이라 할 수 있습니다.

첫째, 죽음은 결코 가볍지 않으며 그렇다고 참혹한 이미지로만 인식되어서는 안됩니다. 성경에 나타나는 이스라엘 사람들의 죽음에 대한 이미지는 매우 부정不淨한 것이었습니다. 그러나 예수님은 죽음에 대한 부정한 이미지에 머무르지 않고, 죽음의 현실을 직시하고 있었으며 더 나아가서 죽음에 대한 새로운 해석을 내놓았습니다.

> 사람이 만일 온 천하를 얻고도 제 목숨을 잃으면 무엇이 유익하리요 사람이 무엇을 주고 제 목숨과 바꾸겠느냐 마 16:26

이것은 생명의 절대적 가치를 인정하는 동시에, 오늘날 '죽음의 이미지'가 만들어 낸 왜곡된 현상에 대한 강한 비판의 메시지로 볼 수 있습니다. 현실적으로 죽음은 모든 것으로부터의 단절을 의미합니다. 따라서 한 인생의 궁극적 최후를 가벼이 볼 수는 없는 노릇입니다.

또한 예수님은 '야이로 회장장의 딸을 살리신 일화' 눅 8장에서 볼 수 있듯이 죽음을 자는 것으로 묘사하기도 했습니다. 이것은 죽음을 부정한 것으로 보았던 당시의 문화적 관습을 넘어서 죽음은 잠처럼 인간에게 일어나는 자연스러운 일이며, 매일 아침잠에서 깨어나듯 죽음이 끝이 아니라는 의미를 내포한다고 볼 수 있습니다.

우리는 예수님이 죽음의 이미지를 현실과 유리되지 않으면서도 매우 효과적으로 사용하고 있음을 알 필요가 있습니다. 죽음을 잠의 이미지로 치환시킴으로써 죽음에 대한 막연한 두려움과 공포 등의 부정의 생각들을 몰아냄과 동시에 부활사상과 죽음을 이기시는 절대적 하나님으로서의 권위를 통합시켰던 것입니다.

둘째, 악인은 죽어 마땅하다고 하는 현대의 죽음의 이미지들에 대해 성경은 징벌과 심판의 주체를 인간이 아닌 하나님께 귀속시키고 있습니다.

요한복음 8장에는 간음 현장에서 잡혀온 여인을 이스라엘의 율법에 따라 돌로 쳐죽이려는 무리들과 예수님이 만나는 장면이 있습니다. 그들은 어떻게든 예수님을 함정에 빠뜨리기 위해 범죄자를 이용하고 있었습니다. 모세의 율법대로 죽이는 것이 옳다고 하면 예수님이 그토록 말하던 사랑과 용서의 가치가 훼손될 수 있고, 죽이지 말라고 한다면 모세의 율법, 즉 이스라엘의 전통을 무시하는 중대한 잘못을 저지르게 되기 때문에 예수님은 빠져나오기 힘든 곤란한 상황에 처해 있었습니다. 그러나 예수님은 그 상황에서 놀라운 발언을 합니다.

> 그들이 묻기를 마지 아니하는지라 이에 일어나 이르시되 너희 중에 죄 없는 자가 먼저 돌로 치라 하시고 다시 몸을 굽혀 손가락으로 땅에 쓰시니 그들이 이 말씀을 듣고 양심에 가책을 느껴 어른으로 시작하여 젊은이까지 하나씩 하나씩 나가고 오직 예수와 그 가운데 섰는 여자만 남았더라 예수께서 일어나사 여자

외에 아무도 없는 것을 보시고 이르시되 여자여 너를 고발하던
그들이 어디 있느냐 너를 정죄한 자가 없느냐 대답하되 주여 없
나이다 예수께서 이르시되 나도 너를 정죄하지 아니하노니 가서
다시는 죄를 범하지 말라 하시니라 요 8:7-11

사람들 중에는 죄와 무관해서 악을 심판할 만큼 깨끗한 자가 한
명도 없음을 알려 주시면서, 그렇다고 악을 용인하지도 않는 예수님의
지혜가 돋보이는 대목입니다. 악은 분명 멀리해야 하지만 악인을 죄의
관점에서 바라보자면 '들킨 죄인'과 '들키지 않은 죄인'만이 있을 뿐입
니다. 이런 관점이라면 그동안 보아 왔던 개인적 이해관계에서 나타나
는 복수에 대한 생각까지도 새롭게 인식될 수 있습니다.
　셋째, 영상미디어 속의 죽음의 이미지는 복수를 통해 드러나고,
이때 복수의 의미는 미학적인 해석을 내릴 만큼 선이고 정의로움이
지만 성경은 다른 시각을 보여 줍니다.

내 사랑하는 자들아 너희가 친히 원수를 갚지 말고 하나님의 진
노하심에 맡기라 기록되었으되 원수 갚는 것이 내게 있으니 내
가 갚으리라고 주께서 말씀하시니라 롬 12:19

예를 들어 요한복음 8장의 간음하다 잡힌 여인처럼 자신과 직접
적인 관계가 아닌 경우, 어쩌면 용서는 생각보다 쉬울 수 있습니다. 그
러나 직접적인 이해관계가 얽혀있고 자신이 끔찍한 피해 당사자가 될

경우, 복수는 다시 한 번 가장 인간적인 가치를 지닌 행위로 돌변하기 십상입니다. 그러나 우리는 복수의 원인에 집착한 나머지 그것이 가져올 결과를 생각하지는 못할 때가 많습니다.

복수를 통해 나타난 화려한 죽음의 이미지는 관객에게 카타르시스를 제공해 줄 수 있을지 모릅니다. 그러나 과연 그렇게 해서 본질적인 문제가 해결되며 원하는 행복을 얻을 수 있는가에 이르는 영상을 찾아보기는 어려운 실정입니다.

> 그 때에 베드로가 나아와 이르되 주여 형제가 내게 죄를 범하면 몇 번이나 용서하여 주리이까 일곱 번까지 하오리이까 예수께서 이르시되 네게 이르노니 일곱 번뿐 아니라 일곱 번을 일흔 번까지라도 할지니라 마 18:21-22

복수는 미덕이 아니라 앙갚음이며, 용서의 횟수를 세는 일은 단지 복수를 벼르고 있는 자세에 불과한 것처럼 보입니다. 복수를 찬양하는 문화에 공감하고 동의한다면 결국 모든 인간관계를 그저 가해자와 피해자의 신분으로만 살아가게 하는 인생이 되고 말 것입니다. '일곱 번을 일흔 번까지라도 용서하라'는 메시지는 누군가는 가해자와 피해자가 될 수밖에 없는 부조리한 사슬고리를 끊어야 함을 뜻합니다.

넷째, 죽음은 부차적이지 않으며 인생의 가장 중요한 일입니다. 영상 미디어 속의 죽음의 이미지는 왜곡되어 있을 뿐만 아니라 죽음을 소홀하게 취급하는 반면, 사랑과 성공, 권력에 대한 이미지는 중차대하게 다루어지곤 합니다. 그러나 죽으면 아무 소용이 없다는 사실을 우리는 잊고 사는 것 같습니다.

> 또 비유로 그들에게 말하여 이르시되 한 부자가 그 밭에 소출이 풍성하매 심중에 생각하여 이르되 내가 곡식 쌓아 둘 곳이 없으니 어찌할까 하고 또 이르되 내가 이렇게 하리라 내 곳간을 헐고 더 크게 짓고 내 모든 곡식과 물건을 거기 쌓아 두리라 또 내가 내 영혼에게 이르되 영혼아 여러 해 쓸 물건을 많이 쌓아 두었으니 평안히 쉬고 먹고 마시고 즐거워하자 하리라 하되 하나님은 이르시되 어리석은 자여 오늘 밤에 네 영혼을 도로 찾으리니 그러면 네 준비한 것이 누구의 것이 되겠느냐 하셨으니 눅 12:16-20

우리는 누가복음 12장에서 묘사한 부자의 이미지를 머릿속에 쉽게 떠올릴 수 있습니다. 물질적인 풍요로움이 가득한 인생의 행복한 이미지들이 화면 가득 펼쳐지는 듯합니다. 여기서 죽음의 존재는 멀찌감치 떨어져 있습니다. 항상 죽음을 생각하며 그것에 천착하는 삶 역시 바람직하지는 않지만, 죽음을 잊고 사는 것 역시 너무나 어리석은 일입니다. 죽음을 무대 위에 세울 수는 없지만 죽음의 가치를 드러낼 수는 있습니다. 죽음이 무엇인지 알았다면 부자는 분명 다르게 행동하며 살았을 것입니다.

이것은 앞으로 전개될 교육적 대안으로써 죽음 준비 교육의 필요성을 제기하는 이유가 될 수 있습니다. 왜냐하면 대부분의 사람들은 부자가 되기를 바라는 동시에 이 부자와 같은 생각을 하며 살아갈 가능성이 높기 때문입니다. 그러다 정작 가장 중요한 것을 잊어버렸을 때 겪게 될 비극적 상황을 생각해 보면 참으로 허망하기 그지없습니다.

다섯째, 성경 속의 영웅은 사람을 죽이는 영웅이 아닙니다. 오히려 사람을 살리고 생명을 주는 이미지로 가득 차 있습니다. 성경적 영웅의 원형은 예수님 안에 있습니다. 그러나 그의 신비스러운 탄생이나 기적과 같은 행위에 초점이 맞춰져 있는 것은 아닙니다. 예수님에게서 나타난 가장 큰 신비스러운 이미지는 바로 '십자가'입니다. 그것은 인간을 향한 철저한 사랑과 희생 그리고 구원의 메시지를 담은 위대한 이미지입니다.

우리가 아직 죄인 되었을 때에 그리스도께서 우리를 위하여 죽으심으로 하나님께서 우리에 대한 자기의 사랑을 확증하셨느니라 롬 5:8

그가 찔림은 우리의 허물 때문이요 그가 상함은 우리의 죄악 때문이라 그가 징계를 받으므로 우리는 평화를 누리고 그가 채찍에 맞으므로 우리는 나음을 받았도다 사 53:5

예수님의 죽음에 나타난 이미지는 우리를 새로운 세상으로 인도합니다. 그것은 세속으로부터의 거룩과 경건이며 세상에서 미처 맛보지 못한 새로운 감각의 문을 여는 일입니다. 전자영상매체에 나타난 죽음의 이미지들이 일상생활에 영향을 줄 수 있듯이 십자가의 이미지 또한 그러합니다.

그러나 십자가는 영상 속 죽음의 이미지들과는 그 성격을 분명 달리합니다. 예수님의 죽음에 나타난 이미지가 우리 삶 속에 구현되었을 때의 결과는 모든 갈등과 분쟁으로부터의 평화이며 모든 상처로부터의 회복이라는 놀라운 사실입니다.

6 새 출발의 계기로서의 죽음

맞이하는 죽음에는 준비가 필요합니다

　오늘날 죽음 교육은 말기암 환자들이나 노인들을 대상으로 죽음을 준비시키는 목적으로 진행되고 있습니다. 최근에는 직장인들과 사회단체를 대상으로 삶에 대한 성찰에 이르게 하는 등 대상과 내용에 있어서 폭넓은 교육이 이루어지고 있습니다.

　죽음 교육은 삶을 바라보는데 필요한 건강한 시각과 삶을 마무리하는데 필요한 정보와 지식을 제공한다는 점에서 꼭 필요한 교육으로 인식되고 있습니다. 죽음 교육의 가장 중요한 역할은 준비된 죽음을 맞이할 수 있도록 도움으로써 죽음의 질을 높이고 '행복한 죽음'에 이르도록 하는 것입니다.

　이 웰다잉Well-dying 문화가 대중화되기 시작한 것은 우리 사회에 웰빙Well-being 문화가 널리 퍼지면서부터입니다. 성공을 위해 앞만 보고 달려오느라 많은 희생과 소외를 낳았던 삶을 지양하고, 삶의 질을 중요시하는 웰빙 문화의 탄생은 분명 경쟁과 자극을 추구하는 삶에서 벗어나 일상적인 삶의 순수함과 기쁨, 자연과 조화된 생활로의 회귀를 촉진시켰습니다.

웰다잉 문화의 성격은 크게 세 가지 방향으로 진행되고 있습니다.

첫째는 웰다잉 문화를 가르칠 수 있는 지도자를 양성하는 교육의 성격으로 진행되고 있습니다. 이것은 시대적 흐름에 따라 자연스럽게 나타난 웰빙 문화와는 달리 죽음에 대한 의식 개혁을 동반한 운동 차원에서 진행되었다는 특징을 보여 줍니다. '죽음이란 무엇인가?'부터 시작해 죽음에 대한 부정적 인식이나 왜곡된 관습을 개선하려는 계몽적 성격이 웰다잉 문화의 밑바탕을 이루고 있습니다.

그러나 사회교육운동이 우리 사회의 문화로 자리를 잡으려면 필요를 인식시키는 공론화 내지 대중화 작업과 더불어 지속성을 유지하는 지도자들의 성실성과 인내력이 요구되기에 웰다잉 문화가 일반화되기까지 아직은 요원한 상태입니다.

둘째는 현재의 웰다잉 문화는 현실의 부조리 혹은 불합리한 죽음의 문제에 대한 현실 대응적인 성격을 지니고 있습니다. 자살이나 안락사, 혹은 존엄사와 같은 사회 문제로써의 죽음에 대한 대안적 성격으로의 가치를 가지고 있는 것입니다. 특히 OECD 국가 중 자살률 1위 국가라는 오명을 벗기 위해서라도 올바른 죽음의 가치를 제공하고, 행복한 죽음이 무엇인가를 깨닫게 도와주는 웰다잉 문화의 전파는 매우 필요한 일이 아닐 수 없습니다.

셋째는 웰다잉 문화가 '개인의 죽음 준비 교육적 성격'을 지닌다는 점입니다. 죽음은 분명 한 사회에 속한 개인의 소멸을 뜻하지만 개인의 죽음은 다른 주변 사람들에게 큰 영향을 끼칠 수밖에 없습니다. 즉 준비되지 않은 채 죽는다는 것은 죽음을 앞둔 개인의 심리에도 심각한 영향을 초래하지만, 남은 가족들에게도 여러 차원의 상처를 입힐 수 있습니다. 따라서 유언장이나 장기기증서 작성과 같은 죽음 준비 과정을 통해 본인을 포함한 가족과 주변인들이 죽음 앞에서 당황하거나 고통을 겪지 않도록 사전 교육을 받을 필요가 있습니다.

다른 한편으로 웰다잉 문화가 교육을 통해 확산되어가면서 드러나는 문제점도 있습니다.

첫째는 지금의 웰다잉 문화의 주 수용층이 노인 중심으로 이루어지고 있다는 점입니다. 연령적 특징 때문에 노인들이 죽음에 대해 관심을 갖고 준비하는 일이 어쩌면 당연한 일 같아 보이지만, 웰다잉 문화가 주는 혜택이 전 연령층인 만큼 청소년과 젊은이들이 이 문화에 편성될 수 있는 보다 적극적인 교육 방안이 모색될 필요가 있습니다.

둘째는 임종 체험과 같은 이벤트성 충격 요법이 일으키는 감정의 도구화 문제입니다. 임종 체험이나 임사 체험을 마치 웰다잉 문화의 본질이나 교육의 중심으로 여기는 경우에는 문제의 소지가 있습니다. 그것이 홍보 효과로 이어질지는 몰라도 건강한 죽음을 맞이하기 위해 지속적인 의지를 발휘하도록 하는데 도움이 될지는 미지수라 할 수 있습니다.

오랫동안 현장에서 '죽음 준비 학교'를 진행해 온 유경 선생도 이

부분을 지적합니다.

> '임종 체험'을 통해 죽음을 생각해 보고, 다시 한 번 삶을 돌아
> 보며 점검하는 일은 분명 의미 있다. 잠깐이라도 죽음을 생각하
> 며 삶을 돌아보고 소중한 사람들을 다시 한 번 확인하게 되지
> 만, 이런 '임종 체험' 한 번으로 마치 죽음 준비를 다 한 것처럼
> 느낀다면 그건 오히려 안 하느니만 못하다고 생각한다. 그것도
> 으스스하고 마치 공포 체험에나 나올 것 같은 저승사자 등장 프
> 로그램으로는 말이다. 두려움에 앞서 피식 웃음만 나는 이런 장
> 치가 도대체 무슨 소용이 있겠는가.
>
> 유경, 유경의 죽음 준비 학교, 궁리, 2008, 205

셋째는 종교 단체를 통해 확산되어가는 과정에서 나타날 수 있는
해당 종교에 대한 거부감 문제입니다. 웰다잉 문화와 종교적 특성과의
연관성은 불가피해 보입니다. 앞서 심리학자인 알폰스 데켄 교수가 죽
음을 앞둔 심리 변화의 단계에 추가한 마지막 '기대와 희망의 단계'는
대개 종교인들에게서 나타납니다. 이는 웰다잉 문화가 본질적으로 추
구하는 '행복한 죽음'의 성격을 띱니다.

그러나 비종교인들이 많은 현실에서 특정 종교를 강요하는 듯한
인상을 심어준다면 오히려 역효과가 나타날 우려도 있습니다. 즉 웰다
잉 문화가 널리 퍼지면서 종교에 귀의하는 것은 자연스러운 일이지만,
처음부터 포교를 목적으로 웰다잉 문화를 수단화하는 것은 지혜롭지

못한 일이 될 수 있는 까닭입니다.

죽음 교육의 목표

현재 진행되고 있는 죽음 교육은 '죽음 준비 교육'의 성격에 가깝습니다. 말기암 환자들과 가족들에게 호스피스 활동의 하나로 죽음에 대한 정신적 고통을 덜어주려는 의도가 내포되어 있거나, 혹은 인생의 변화와 자극을 주려는 시도로 행해지는 '입관 체험'과 '유서 쓰기' 같은 프로그램도 죽음 준비 교육의 일부에서 활성화되고 있는 형편입니다.

죽음 교육이 제대로 연구되지 않는 현실에서 교육의 내용을 명백히 밝히기는 쉽지 않지만 적어도 두 가지 방향으로 전개되어야 함은 분명해 보입니다.

하나는 죽음의 공포로부터 해방되는 죽음의 친밀감 교육입니다. 죽음의 이미지들이 만들어 내는 참혹한 형상에 농락당하지 않고, 죽음을 자연스러운 삶의 일부로 받아들이는 인식의 전환을 의미하는 것입니다. 인간은 언젠가 죽게 마련이라는 사실이 상투적인 어투에 머무르지 않도록 내 삶을 완성해 가는 과정의 하나로 여길 수 있어야 합니다.

다른 하나는 죽음의 무관심으로부터 벗어나는 교육입니다. 죽음에 대한 가치와 의미를 무시하는 삶은 죽음에 대한 의식이 줄 수 있는 혜택으로부터 소외되어 결국은 죽음에 쫓기는 인생을 살 수밖에 없습니다.

현대인들이 오직 섭취와 배설에만 집중되어 있는 우리의 기저귀 문화에 종속되어, TV를 비롯한 스마트 미디어 속에 난무하는 온갖 죽음의 이미지들을 즐기는 것은 먹고 배설하는 쾌락에 삶의 주도권을 빼앗긴 결과라 할 수 있습니다.

죽음 교육은 수의 문화를 활성화시킵니다. 인생을 생각하게 만들 뿐만 아니라 교만한 인간을 겸손하게 만들고 지금 살아가는 순간을 충실하고 의미 있게 하며, 존재 자체에 감사함을 느끼게 만들어 인간적인 사회로의 변모를 꾀하게 합니다. 죽음 교육은 현실 속에서 진실한 삶을 생각하게 만들어 건강하고 창조적인 생을 누릴 수 있는 혜택을 줄 수 있습니다.

교육 철학자인 강선보 교수는 죽음에 대한 생각이 가치 있고 창조적인 삶으로 이어질 수 있도록 죽음 교육의 필요성을 역설하고 있습니다.

> 이미 여러 학자들이 지적한 바와 같이, 죽음에 관해 가르치는 것은 곧 산다는 것을 가르치는 것이며, 죽음에 관한 교육은 죽음의 막연한 공포를 제거함으로써 삶에 대한 인간의 존경심과 환희를 고양시키는 것이라고 본다면 우리는 죽음의 문제를 더 이상 교육의 영역에서 소외시킬 수 없는 중요한 교육 내용임을 상기할 수 있다.
>
> 강선보, 죽음 교육의 필요성, 고대신문 1521호, 2005년 11월 15일

죽음 교육은 후회 없는 삶에 이르도록 만들 수 있습니다. 〈표1〉

은 일본의 호스피스 전문의로 활동하고 있는 오츠 슈이치大津秀一 의 '죽을 때 후회하는 스물다섯가지'의 목록을 수록한 것입니다. '죽을 때 후회하는 것들'이란 뒤집어 생각하면 '살아 있을 때 꼭 하고 싶은 것 혹은 해야 할 것'이라는 의미로 해석할 수 있습니다.

죽을 때 후회하는 스물다섯가지 목록

1. 사랑하는 사람에게 고맙다는 말을 많이 했더라면

2. 진짜 하고 싶은 일을 했더라면

3. 조금만 더 겸손했더라면

4. 친절을 베풀었더라면

5. 나쁜 짓을 하지 않았더라면

6. 꿈을 꾸고 그 꿈을 이루려고 노력했더라면

7. 감정에 휘둘리지 않았더라면

8. 만나고 싶은 사람을 만났더라면

9. 기억에 남는 연애를 했더라면

10. 죽도록 일만 하지 않았더라면

11. 가 보고 싶은 곳으로 여행을 했더라면

12. 내가 살아온 증거를 남겨두었더라면

13. 삶과 죽음의 의미를 진지하게 생각했더라면

14. 고향을 찾아가 보았더라면

15. 맛있는 음식을 많이 맛보았더라면

16. 결혼을 했더라면

17. 자식이 있었더라면

18. 자식을 혼인시켰더라면

19. 유산을 미리 염두에 두었더라면

20. 내 장례식을 생각했더라면

21. 건강을 소중히 여겼더라면

22. 좀 더 일찍 담배를 끊었더라면

23. 건강할 때 마지막 의사를 밝혔더라면

24. 치료의 의미를 진지하게 생각했더라면

25. 신의 가르침을 알았더라면

오츠 슈이치, 황소연 역, 죽을 때 후회하는 스물다섯가지, 21세기북스, 2010

표에 나타난 '죽을 때 후회하는 목록'은 크게 두 가지의 성격을 보여 줍니다. 하나는 '어떤 일을 한 것에 대한 후회'이고 다른 하나는 '어떤 일을 하지 않은 것에 대한 후회'입니다. 흥미로운 점은 '어떤 일을 한 것에 대한 후회'는 25개 목록 중 단지 3개 5, 7, 10번 에 지나지 않는 반면, '어떤 일을 하지 못한 것에 대한 후회'가 나머지 대부분을 차지하고 있습니다. 이것은 사람들이 자신이 하지 못한 일에 대해 후회가 더 많다는 사실을 보여 줍니다.

죽음 교육은 후회 없는 삶을 살기 위해서 남은 생애 동안 무엇을 하는 것이 좋은지를 가르쳐 줍니다. 이것은 일종의 '버킷리스트'의 가치를 다시 한 번 드러내는 일이기도 합니다. 죽음 앞에서 후회 없는 삶을 사는 일이란 삶과 죽음에 대한 통합적인 인식을 출발점으로 삼아 실행한 결과란 점에서 버킷리스트의 의미를 새롭게 발견할 수 있습니다.

영화 〈버킷리스트〉에 나타난 행복한 죽음을 위한 조건

로브 라이너Rob Reiner 감독의 영화 〈버킷리스트: 죽기 전에 꼭 하고 싶은 것들〉2007은 행복한 죽음을 맞이하고자 하는 인간의 의식을 드러내는 영화입니다. 〈버킷리스트〉는 말기암에 걸려 시한부 인생을 살아가는 두 노인이 같은 병실에 입원하면서 함께 계획하고 경험하는 생의 마지막 여행과 그 과정 속에서 얻는 노년의 우정과 삶의 가치를 드러내고 있는 영화입니다.

이 '버킷리스트'는 죽음 준비 교육의 방법 중 하나로 활용되고 있습니다. 교육 순서는 먼저 영화 〈버킷리스트〉를 관람하고, 또한 수강생들에게 자신의 버킷리스트를 작성하게 함으로써 죽음 준비 교육이 목표로 하는 '행복한 죽음'을 맞이하도록 돕습니다.

죽음 교육으로써의 '버킷리스트 작성'은 영화 속 주인공들이 이집트 피라미드에 올라 나눈 대화와 연관되어 있습니다. 두 사람은 영화 속에서 영혼이 하늘에 가면 신으로부터 받게 되는 두 가지 질문, 즉 '당신은 인생에서 기쁨을 찾았는가?'와 '당신 인생이 다른 사람을 기쁘게 했는가?'에 대한 대답을 통해 천국에 갈 수 있는지가 결정된다는 내용의 대화를 나눕니다.

즉 버킷리스트는 단순히 죽기 전에 해야 할 일을 뜻 한다기보다
는 삶의 기쁨을 찾기 위한 마지막 계획이며 선택임을 나타냅니다. 무
엇보다도 죽음을 가깝게 둔 사람뿐만 아니라 살아갈 날이 많이 남은
젊은이들에게도 훌륭한 죽음 교육의 도구가 될 수 있습니다.

이처럼 '버킷리스트'는 삶을 되돌아보게 하는 역할을 함과 동시에
미래를 구체적으로 계획하는 일에 큰 도움을 줄 것이며, 자기 계발의
기능을 수행하는데 그치지 않고 가정의 안정과 행복에 기여하게 될
것입니다. 자, 이제 우리의 버킷리스트를 만들 시간입니다.

삶의 마지막 순간을 위하여

이제 우리는 우리의 논의를 마무리해야 할 시점에 와 있습니다. 우리의 생명 현상에는 반드시 쇠퇴하는 때가 있습니다. 우리 삶의 어떤 순간들은 자라는 순간으로 엮어지지만, 인생의 다른 순간은 불가사의한 쇠퇴와 사멸로 엮어집니다. 이제 삶이 마무리될 수 있음을 받아들이면서 우리는 죽음이 삶의 한 부분임을 다시 한 번 인정해야 할 것입니다.

죽음은 삶을 승화시킬 수 있습니다

우리가 앞서 인용했던 후릿츠 핑커스는 삶의 마지막 한 부분으로써의 죽음을 존중하는 법을 배운 사람이었습니다. 그의 아내가 전하는 후릿츠의 모습은 죽음을 긍정적인 자세로 받아들임으로써 삶을 승화시키고, 주변 사람들에게도 빛을 전해 주는 삶이었습니다.

고통을 위로하는 가족이나 이웃에게 그는 늘 이렇게 말하였다. "인생이란 더불어 논쟁할 까닭이 없는 겁니다. 그저 받아들여야만 할 뿐입니다." 시간이 퍽 오래 흐른 다음에야 나는 그것이 무엇을 뜻하는 것인지 생각하기 시작했다. 왜냐하면 후릿츠야말로 사회를 변혁시킬 소망을 품고 언제나 인생과 더불어 적극적인 논쟁을 거듭해 온 사람이었기 때문이다.

후릿츠가 표현하려고 했던 것이 무엇이었든 간에 그는 생애의 마지막 몇 달 동안 새로이 강렬한 감수성을, 깊은 생의 즐거움을, 아름다운 것을 본질로 하는 대상과의 강렬한 공존의식을 가졌음에 틀림없다. 나는 그와 더불어 가벼운 산책을 하는 동안에도 그가 어린이들, 새들, 꽃들, 나무들, 그리고 구름들을 보며 참으로 즐거워하는 것을 피부로 느낄 수 있었다.

친구들은 삶과 죽음을 긍정적으로 받아들이는 우리 집 특유의 평온한 분위기 때문인지 지나는 길에 즐겨 방문하곤 하였다. 친구들은 후릿츠의 애정 어린 관심을 고마워하였고, 그가 세상을 떠나던 마지막 날까지 그의 충고를 청해 오곤 하였다.

후릿츠의 익살과 해학, 부드러운 웃음, 두 눈에 반짝이던 영채映彩는 잠시도 그를 떠난 적이 없었다. 그는 세상에 무슨 일이 일어나고 있는지에, 또 내가 무슨 일을 하고 있는지에 끊임없이 관심

을 기울였으며, 내가 하는 일을 정신적인 측면에서 항상 도와주
었다. 사람이 자신에게 임박한 죽음을 긍정적인 자세로 받아들
일 때에 그 삶이 얼마나 높이 승화될 수 있는가를 나는 보았다.

릴리 핑커스, 이인복 옮김, 죽는 이와 남는 이를 위하여, 우진출판사, 1991

후릿츠의 아내 릴리 핑커스의 표현대로 우리는 '우리의 죽음을 긍
정적인 자세로 받아들일 때, 우리의 삶이 얼마나 높이 승화될 수 있는
가'를 체험할 수 있을 것입니다. 우리는 삶의 아름다운 순간들을 누리
기를 원하는 이유로, 또한 아름다운 죽음의 순간들을 누리기를 원합
니다. 그렇게 함으로써 우리는 우리의 삶을 더 아름답게 승화시키기를
원하는 것입니다.

채플을 이런 식으로 할 필요가 없다고 생각합니다

이제 죽음을 준비하는 것도 필요합니다. 성경은 지혜로운 자가 초
상집에 간다고 하였습니다. '지혜자의 마음은 초상집에 있으되 우매자
의 마음은 혼인집에 있느니라'전 7:4. 알렉산더 대왕은 자신의 노예에
게 아침마다 다음의 인사말을 시키게 했다고 합니다. "왕이여, 왕은 반
드시 죽는다는 사실을 기억하십시오." 우리는 죽음의 현실을 받아들
임으로써 오늘 우리의 삶을 새롭게 하며 동시에 풍성하게 할 수 있습
니다.

죽음은 오늘도 우리를 향하여 다가오고 있습니다. 어떤 사람은
교통사고에 의하여, 어떤 사람의 화재에 의하여, 어떤 사람은 비행기

사고에 의하여 죽어갑니다. 하지만 대부분의 사람들은 하찮은 일에 종사하다가 오늘도 조금씩 죽어간다고 합니다.

산이나 바다에 가는 것이 닫혀진 시야를 회복하는데 도움을 주듯이, 가끔 무덤에 가 보는 것도 삶을 새롭게 하는데 도움이 될 수 있습니다. 우리나라에는 묘지가 가까이 있지 않으나 미국에는 교회 마당 안에 묘지가 있는 경우가 많습니다. 사람들은 무덤 사이를 거닐면서 삶에 대해서 성찰할 수 있는 기회를 얻습니다. 우리가 무덤을 거닐다 보면 인생의 우선 순위를 재정립하는데 도움이 될 수 있습니다.

이영호 교수는 소란했던 이화여대 채플을 다음과 같은 말로써 조용하고 엄숙하게 만든 경험이 있다고 말합니다.

> "내 생각에는 이 채플을 이런 식으로 할 필요가 없다고 생각합니다. 채플은 여러분이 앞으로 바른 삶을 살도록 하기 위해서인데 그 목적을 더 확실히 이룩할 방법이 있습니다. 이 대강당에 관을 여러 개짜서 꽉 메우십시오. 아마 수천 개의 관을 짜 넣을 수 있을 것입니다. 그리고는 학생들을 1년에 몇 번씩만 관 속에 들어가서 20-30분씩만 누워 있다가 나오라고 하는 것입니다.
> 관 속에 누우면 여러분은 인생에 있어서 과연 무엇이 중요한 것인지 올바른 인식을 가지게 될 것입니다. 그러면 여러분의 인생은 방향이 바로잡힐 것입니다."
>
> 이영호, 인생은 예행연습 없는 마라톤이야, 민예원, 181-82

나의 묘비명에는 무엇이라고 적힐 것인가?

나의 인생이 끝났을 때 인생을 요약하는 묘비명에 무엇이 적힐 것인가를 생각하는 것도 좋습니다. 영국의 극작가였던 조지 버나드 쇼가 기자들로부터 "당신이 죽으면 당신의 묘비명에 무엇이라고 적힐 것 같나요?"라는 질문을 받았습니다. 다방면에 걸쳐 다양한 업적을 남긴 사람이라 어떤 업적이 제일 기억될 것 같으냐는 요지의 질문이었습니다. 그때 버나드 쇼의 입에서 나온 답변은 익살과 해학이 넘치는 것이었습니다. "아마 이렇게 쓰이겠지요. '우물쭈물하다가 이럴 줄 알았다.'"

한 해학가는 대부분의 사람들이 별 생각 없이 느슨하게 살아가는 것을 다음과 같이 풍자하였습니다. 대부분의 사람들의 묘비명에는 다음과 같이 쓰여 있다는 것입니다.

사망: 30세. 실제로 땅에 묻히기는 70세.

한때 유엔의 사무총장을 지냈던 닥 하마슐드는 아버지가 자신에게 들려준 이야기를 우리에게 들려줍니다. 아버지는 아들 하마슐드에게 이렇게 말해 주었다고 합니다. "얘야, 네가 이 세상에 태어났을 때 너는 울었지만, 우리 모두는 기뻐서 웃었단다. 이제 네가 세상을 떠날 때는 너는 웃지만 너를 아는 모든 사람은 울도록 인생을 살아가거라." 닥 하마슐드는 비행기 사고로 세상을 떠났습니다. 그가 세상을 떠날 때 웃었는지는 우리가 알 수 없습니다. 하지만 그를 아는 모든 사람이 그의 죽음을 애도했던 것은 사실이었습니다.

이제 우리에게 얼만큼의 시간이 남아 있을까요?

얼마 전에 그레고리 스톡 Gregory Stock 이 쓴 《질문의 책》*The Book of Questions* 을 보았습니다. 이 책은 질문들만을 모아둔 책인데, 여기에 다음과 같은 질문이 들어 있습니다. '만일 당신에게 5분의 시간이 남아 있다면 당신은 무엇을 하겠는가?' 이 질문 밑에 몇 줄의 여백을 둔 뒤에, 이 책은 또 하나의 질문을 던집니다. '그런데 왜 그 일을 지금 하지 않고 있는가?'

이제 우리에게 얼마만큼의 시간이 남아 있을까요? 먼저 다음과 같은 행복한 상상을 해 보겠습니다.

어느 날 당신에게 전화가 걸려 왔습니다. 전화를 건 사람은 내가 거래하는 은행의 창구 직원입니다. "누군가 당신을 아끼는 사람이 매일 아침마다 당신의 계좌 account 에 86,400원을 입금해 주라고 했습니다. 이 돈은 아무런 대가가 없이 당신에게 주어지는 돈입니다. 그런데 이 돈에는 한 가지 조건이 있습니다. 그것은 당신이 그 돈을 하루 동안 다 사용해야 한다는 것입니다. 만일 그것을 사용하지 않으면 그 돈은 그냥 없어지게 됩니다." 이제 당신은 행복한 고민에 빠질지 모릅니다. '이 공돈을 어디에 쓰지?'

물론 이것은 사실이 아닙니다. 하지만 우리의 상상을 이제 현실로 돌려 봅시다. 우리를 매우 사랑하는 분은 우리의 인생 가운데 매일마다 86,400초씩, 곧 24시간씩 넣어주고 있습니다. 이 시간들을 바로 사용하지 않는다면 그것들은 다 사라지고 말 것입니다. 하지만 이 모든 시간은 거저 주어지는 것입니다. 이 밑천을 어떻게 사용하는가에 따라서 우리의 미래 운명이 바뀌게 될 것입니다.

이제 우리에게 얼만큼의 시간이 남아 있을까요? 하루는 물론 24시간입니다. 하지만 그 하루가 몇 번이나 남아 있는지 우리는 아무도 모릅니다. 다만 우리가 지금 대략 어디쯤 왔는지는 쉽게 알아볼 수 있습니다. 모세의 계산법에 따라서, '우리의 연수가 칠십이요 강건하면 팔십이라도 그 연수의 자랑은 수고와 슬픔뿐이요 신속히 가니 우리가 날아가나이다'시 90:10 우리가 80세까지 살 수 있다고 가정해 봅시다. 만일 우리가 아침 6시에 일어나서 밤 12시에 하루 일과를 마무리한다고 생각하면서, 우리의 나이에 따라서 하루를 생각한다면 다음과 같습니다.

만일 당신이 20살이라면 지금 현재 시각은 8시 30분입니다. 당신이 30세라면 지금 당신의 시각은 오후 1시 30분 정도 됩니다. 반면에 당신이 40살이라면 지금 당신의 시각은 오후 4시입니다. 이제 당신이 50세라면 당신의 시각은 저녁 6시 30분입니다. 물론 이 모든 계산은 우리가 80세까지 죽지 않고 살 수 있다는 가정 아래서 전개되는 것이며, 그것은 장담할 수 없는 것입니다.

너희는 하나님과 화목하라

죽음이 오기 전에 해야 할 것들 가운데 성경은 회개와 화해를 제일의 행동으로 들고 있습니다. 죽음은 우리에게 회개悔改를 위한 이유를 제시해 줍니다.

우리는 잘못된 길을 걸을 수 있습니다. 하지만 돌이키지 않는 것은 잘못입니다. 우리는 악행을 범했기 때문에 멸망하지는 않습니다. 만일 그러하다면 우리 가운데 살아남을 사람은 아무도 없습니다. 우리 가운데 망하는 사람이 나오는 것은 악행을 뉘우치지 않았기 때문입니다. 하나님을 향해서 돌이킬 때 누구든지 영원한 생명과 새로운 삶을 선물로 얻을 수 있다는 것이 성경의 메시지입니다.

> 그러므로 너희가 회개하고 돌이켜 너희 죄 없이 함을 받으라 이같이 하면 새롭게 되는 날이 주 앞으로부터 이를 것이요 행 3:19

화해는 우리가 행해야 할 또 다른 행동입니다. 우리는 화해和解를 위하여 용서를 구하거나 베풀면서 삶의 마지막 여정을 맞이해야 합니다. 과거의 원한을 무덤에까지 가지고 가는 것은 마지막을 맞이하는 바른 자세가 아닙니다. 아이들은 과거에서 자유한 반면에 어떤 어른들은 무덤에까지 자신의 원한을 가져가려고 합니다. 특히 예수 그리스도를 믿는 사람들은 죽음 앞에서 용서를 마무리해야 할 것입니다. 이는 예수의 제자들에게는 원수가 없기 때문입니다. 돌에 맞아 죽으면서도 용서의 기도를 드리는 스데반의 죽음은 우리에게 많은 것을 깨우쳐 줍니다.

> 그들이 돌로 스데반을 치니 스데반이 부르짖어 이르되 주 예수여 내 영혼을 받으시옵소서 하고 무릎을 꿇고 크게 불러 이르되 주여 이 죄를 그들에게 돌리지 마옵소서 이 말을 하고 자니라 행 7:59-60

우리의 삶은 다른 사람들과의 화해 뿐만이 아니라 우리를 지으신 분과의 화해를 이룬 가운데 마무리 되어야 합니다. 하나님과의 화해가 있을 때 우리 삶의 진정한 미래가 열릴 수 있기 때문입니다. 창조주와 화해하는 가운데 영원한 생명의 길이 열린 사람들은 시간의 마지막을 아름답게 마무리하고 영원한 삶을 위한 준비를 할 수 있을 것입니다.

> 곧 하나님께서 그리스도 안에 계시사 세상을 자기와 화목하게 하시며 그들의 죄를 그들에게 돌리지 아니하시고 화목하게 하는 말씀을 우리에게 부탁하셨느니라 그러므로 우리가 그리스도를 대신하여 사신이 되어 하나님이 우리를 통하여 너희를 권면하시는 것 같이 그리스도를 대신하여 간청하노니 너희는 하나님과 화목하라 고후 5:18-20

우리의 인생 가운데 주어진 것들을 감사하며, 그동안 범했던 죄악들을 뉘우치고, 함께 지냈던 모든 이들과 사랑의 관계를 회복하고, 동시에 '죽은 자를 살리시며 없는 것을 있는 것 같이 부르시는' 하나님을 바라볼 때, 우리는 천상병 선생님의 시 "귀천"의 한 구절처럼 '세상이 아름다웠더라'고 말하며, 더 아름다운 영생 永生을 기대하고 희망할 수 있을 것입니다.

참고 문헌

강진구, 영상미디어에 나타난 죽음의 이미지와 교육적 대안, 생명연구, 서강대생명연구소, 2012.

김인자, 죽음에 대한 심리적 이해. 서강대학교 출판부, 1984.

김준곤, 영원한 첫사랑과 생명 언어. 순출판사, 1993

노유자, 한성숙, 안성희, 김춘길, 호스피스와 죽음. 현문사.

손동호 외, 21C 네트워크 시대의 기독교적 추모예식 연구, (사)기독교세계관학술동역회, 2011.

심상태, 인간 : 신학적 인간학 입문. 서울 : 서광사, 1989.

유경, 유경의 죽음준비학교. 궁리, 2008.

이영호, 인생은 예행연습 없는 마라톤이야. 민예원.

이은봉, 여러 종교에서 보는 죽음관. 가톨릭출판사, 1995.

이인복, 슬픔이 있는 곳에 기쁨을. 우진출판사.

정진홍, 만남 죽음과의 만남. 우진출판사.

정진홍, 인문의 숲에서 경영을 만나다. 21세기북스, 2007.

조만 편, 죽음과 목회. 문학예술사.

진중권, 춤추는 죽음1. 세종서적, 1997.

한국종교학회 편, 죽음이란 무엇인가. 도서출판 창.

가시와키 데쯔오, 박수길 옮김, 말기 환자를 위한 호스피스. 오상출판사.

누랜드, 명희진 옮김, 우리는 어떻게 죽는가. 세종서적, 1995.

미치 앨봄, 공경희 옮김, 모리와 함께한 화요일. 세종서적, 2002.

릴리 핑커스, 이인복 옮김, 죽는 이와 남는 이를 위하여, 고향서원, 1978.

반 겐넵, 전경수 옮김, 통과의례. 을유문화사, 1995.

샌다아즈 해설, 이현주 역, 길가메시 서사시. 범우사, 1979.

R.C. 스프룰, 고난과 죽음의 의미. 생명의 말씀사, 1996.

알폰스 데켄, 죽음의 철학 : 죽음준비교육의 목표. 삶과 죽음을 생각하는 회.

오츠 슈이치, 황소연 역, 죽을 때 후회하는 스물다섯가지. 21세기북스, 2010.

니콜라스 월터스토프, 권수경 옮김, 아버지의 통곡. 양무리서원, 1992.

퀴블러 로스, 성염, 인간의 죽음 : 죽음과 임종에 관하여. 분도출판사, 1979.

헨리 나우웬, 홍석현 옮김, 죽음, 가장 큰 선물. 홍성사, 2005.

C.S. 루이스, 강유나 옮김, 헤아려 본 슬픔. 홍성사, 2004.

Erin Tierney Kramp, Douglas H. Kramp, Emily P. McKhann, *Living with the End in Mind*. Three Rivers Press, 1998.